Orar 15 dias com
HENRI CAFFAREL

JEAN ALLEMAND

Orar 15 dias com
HENRI CAFFAREL
Fundador das Equipes de Nossa Senhora

Tradução: Pe. Flávio Cavalca de Castro, C.Ss.R.

EDITORA
SANTUÁRIO

DIREÇÃO EDITORIAL: Pe. Flávio Cavalca de Castro, C.Ss.R.
Pe. Carlos Eduardo Catalfo, C.Ss.R.
COORDENAÇÃO EDITORIAL: Elizabeth dos Santos Reis
REVISÃO: Ana Lúcia de Castro Leite
DIAGRAMAÇÃO Alex Luis Siqueira Santos
CAPA: Mauricio Pereira

Título original: *Prier 15 jours avec Henri Caffarel*
© Nouvelle Cité, Montrouge 2002
ISBN 2-85313-407-5

Dados Internacionais de Catalogação na Publicação (CIP)
(Câmara Brasileira do Livro, SP, Brasil)

Allemand, Jean, 1929 -
    Orar 15 dias com Henri Caffarel: fundador das Equipes de Nossa Senhora / Jean Allemand; (tradutor Flávio Cavalca de Castro]. – Aparecida, SP: Editora Santuário, 2002. (Coleção Orar 15 dias; 6)

    Título original: Prier 15 Jours avec Henri Caffarel: fondateur des Équipes Notre-Damme

    ISBN 978-85-7200-828-4

    1. Caffarel, Henri, 1903-1996 - Ensinamentos 2. Casamento - Aspectos religiosos 3. Oração 4. Santidade I. Título II. Série.

02-6072   CDD-248.32

Índices para catálogo sistemático:
1. Oração: Cristianismo 248.32

10ª impressão

Todos os direitos reservados à **EDITORA SANTUÁRIO** – 2025

Rua Pe. Claro Monteiro, 342 – 12570-045 – Aparecida-SP
Tel.: 12 3104-2000 – Televendas: 0800 - 016 00 04
www.editorasantuario.com.br
vendas@editorasantuario.com.br

ABREVIATURAS

5S	*Cinq soirées sur la prière intérieure*
ACA	*Aux carrefours de l'amour*
AO	*L'Anneau d'Or*
END	*Les Équipes Notre-Dame. Essor et mission des couples chrétiens*
MGS	*Le Mariage, ce grand sacrement*
MRD	*Le Mariage, route vers Dieu*
NLP	*Nouvelles lettres sur la prière*
PAG	*Propos sur l'amour et la grâce*
PD	*Présence à Dieu. Cent lettres sur la prière*

HENRI CAFFAREL
(1903-1996)

Henri Caffarel nasceu em 30 de julho de 1903, em Lião, na França, numa família de comerciantes. Foi batizado em 2 de agosto, por seu tio padre Louis Vénard. Recebeu educação cristã na família e na escola.Ao terminar o curso, durante um retiro, o padre marista que era diretor da escola apresentou-lhe a possibilidade do sacerdócio. Mas seus argumentos não convenceram o jovem Henri, que julgou não ser essa sua vocação. Começou, pois, os estudos de Direito. Foi então que "encontrou" a Cristo. Ele mesmo, muito tempo depois, revela o que foi esse instante decisivo: *"Aos vinte anos, Jesus Cristo, em um instante, tornou-se Alguém para mim. Não foi nada de espetacular. Nesse longínquo dia de março, compreendi que era amado e que amava, e que dali em diante entre ele e mim o comprometimento seria por toda a vida. Tudo estava decidido"*. Sua vocação sacerdotal nasceu de seu encontro com Cristo.

Sua formação não teve um encaminhamento clássico, pois teve de enfrentar períodos de estafa intelectual. Passou um ano em Auberive, com o padre Ghika, que depois seria bispo. Depois, aconselhado por ele, continuou os estudos no Seminário dos Carmelitas, em Paris, sob a direção do futuro Cardeal Verdier. Também frequentou, em Meudon, o círculo de Maritain. Com horas diárias de oração ia compensando as limitações que sofria durante seu tempo de estudos. Já estava profundamente convencido da importância primordial da oração interior, e o grande anseio de sua vida será colocá-la ao alcance de todos os cristãos.

Henri Caffarel foi ordenado padre pelo Cardeal Verdier, arcebispo de Paris, no Sábado Santo 19 de abril de 1930. Terminou seus estudos de teologia. Em 1931 foi nomeado para o Secretariado Geral da Juventude Operária Católica (JOC), e em 1934 foi para o Secretariado da Ação Católica para os meios de comunicação. Desde 1936 abandona qualquer função oficial para dedicar-se totalmente ao apostolado: pregar encontros e retiros para a juventude dos colégios católicos, ao mesmo tempo que era capelão da Escola Normal de Assistentes Sociais. Consegue assim realizar seu sonho: trabalhar para levar as almas ao encontro com Deus.

Esses jovens que ele aconselhava acabaram chegando ao casamento. Já não são apenas indivíduos que ele deve orientar, mas casais. Em 1939, um primeiro grupo de jovens casais lança-lhe um apelo: seria o começo modesto de uma grande obra. Obra que irá amadurecendo durante a guerra e a ocupação da França, como grão de trigo lançado à terra, e que florescerá plenamente depois da libertação do país, para tornar-se em 1947 o movimento das Equipes de Nossa Senhora. Nesse mesmo período, padre Caffarel reúne em um movimento espiritual jovens viúvas de guerra. Nessa época era coadjutor na paróquia de Santo Agostinho. Função que deixará em 1945 para consagrar-se totalmente aos movimentos que ele animava, e à revista que acabara de fundar para promover a espiritualidade dos casais: *L'Anneau d'Or* (A aliança de ouro).

Nesse trabalho que o absorvia, não perde de vista sua ambição mais forte: levar os cristãos e os casais cristãos à prática da oração, que ele considerava condição indispensável para viver uma vida autenticamente cristã e chegar à união íntima com Deus. Por isso introduz na *Carta das Equipes de Nossa Senhora* (1947) a obrigação da oração para os responsáveis pela equipe, obrigação que, em 1970, será estendida a todos os membros do Movimento. Em 1953 publicou um número especial do *L'Anneau d'Or: "Senhor, ensina-nos a orar"*, em que apresenta o resultado de uma ampla pesquisa: *"Quando os leigos descobrem a oração"*. Reafirma a importância da oração para vivificar os outros meios de vida divina que a Igreja coloca à disposição dos fiéis: a palavra de Deus e os sacramentos, principalmente a Eucaristia, e também para fecundar suas iniciativas apostólicas.

Não basta, porém, convidar a fazer oração; é preciso oferecer uma iniciação a essa forma de oração interior e dar apoio para a sua continuidade. Com essa finalidade o padre Caffarel lança em 1957 os *Cahiers sur l'oraison* (Cadernos sobre a oração), com uma condição original para a sua assinatura: comprometer-se a fazer diariamente pelo menos dez minutos de oração. Em 1966 iniciou em Troussures, perto de Beauvais, as "Semanas de Oração", que ofereciam ao mesmo tempo uma introdução doutrinal à oração e a sua prática. Em 1970, em Paris, criou noites de iniciação à oração, com auditórios sempre lotados, e dirigiu a redação de um *Curso de oração por correspondência*. Ao mesmo tempo incentiva seus discípulos, formados em Troussures, a criar, também eles, escolas de oração e vigílias de oração.

Quando, em 1973, confia a outras mãos a animação das Equipes de Nossa Senhora, padre Caffarel, escrevendo e falando, consagra-se totalmente a promover a oração interior. Ele o fará incansavelmente até os últimos meses de sua vida, recolhido desde 1980 em sua "Casa de Oração" em Troussures.

Henri Caffarel morreu em 18 de setembro de 1996. Foi sepultado no pequeno cemitério de Troussures, com a presença apenas dos mais íntimos como pedira. Pediu que sobre o túmulo estivessem três datas: a do seu batismo, a de sua ordenação sacerdotal, e a de sua morte, ou de seu nascimento para o céu – as datas marcantes de sua vida de filho de Deus.

Além dos movimentos que fundou e que tiveram grande crescimento – as Equipes de Nossa Senhora reúnem atualmente mais de 50.000 casais nos cinco continentes, – deixou-nos o padre Caffarel suas obras (veja a bibliografia). Pequenas escolas de oração continuam inspirando-se em sua pedagogia da oração. Este livro gostaria de incentivar seus leitores a ouvir, sobre a oração, as palavras deste "profeta" de nossos tempos, como o definiu o Cardeal Lustiger.

LIMIAR

O intento deste pequeno livro é esboçar alguns grandes temas do pensamento do padre Caffarel como ajuda para a oração. De início, teremos a vocação de todos à santidade (1). Para os casados, o caminho da santidade é seu sacramento do matrimônio 2), cuja graça eles tornam ativa pela oração conjugal e familiar (3). Para todos o grande caminho é a oração interior, que é um encontro pessoal com Deus, na fé e no amor (4). Essa oração é feita com o "coração novo", recebido no batismo (5). Consiste ela essencialmente no "quero o que queres" (6). Na verdade, nossa oração é em primeiro lugar obra de Deus; é Cristo que ora em nós (7); é o Espírito Santo que suscita em nossos corações a oração filial de Cristo (8), que nos volta para Deus para lhe dizer: *Abba!* (9). O que a pessoa deve é nutrir-se da Palavra de Deus (10) e assumir diante de Deus as grandes atitudes de adoração, louvor, agradecimento, intercessão... (11). Quem ora não está só: sua oração enraíza-se na oração do Corpo Místico de Cristo que é a Igreja (12). A oração é uma aventura em várias etapas (13). Deve, aos poucos, conquistar toda a nossa vida (14). Tem seu ponto mais alto na contemplação da Santíssima Trindade (15).

Este pequeno livro terá cumprido sua missão se levar seus leitores a procurar beber nos livros do padre Caffarel e, mais ainda, a fazer oração todos os dias seguindo seus ensinamentos.

Primeiro dia

"SEJAM SANTOS..."

A santidade até há pouco parecia exigir a fuga do mundo, mas agora sempre mais reivindica seu lugar no coração do mundo. O cristão não considera a realidade temporal como algo a ser sacrificado em função de um bem maior; mas como algo que precisa ser retomado e inserido na grande corrente que deve levar a criação toda na direção de Deus. [...] Seria ingenuidade, porém, acreditar que essa evangelização do temporal possa ser feita sem confrontos nem combates. A realidade temporal ainda é, de maneira terrível, feudo do "príncipe deste mundo", que não pretende soltar sua presa! Imagina alguém que o mundo do trabalho poderá ser levado a Cristo sem um duro esforço ou que o mundo do capital possa ser facilmente convertido ao Evangelho? E o mundo da política, e o da ciência, e o da arte? Essa reconquista da natureza pela graça exige que a santidade esteja presente por toda a parte no mundo moderno. Aí está todo o problema: teremos santos leigos (santos... fique claro: homens totalmente entregues a Cristo, habitados pela caridade, movidos pelo Espírito), operários, camponeses, industriais que sejam santos, políticos que sejam santos, artistas que sejam santos? (PAG 242).

Padre Caffarel escreveu essas linhas vinte anos antes do Concílio Vaticano II, que inculcou com muita força essa vocação de todos os batizados à santidade. Esse foi o objetivo de toda a sua ação apostólica: levar os leigos à santidade. Primeiramente entre jovens, com os quais se ocupou durante os primeiros anos de seu ministério, antes da guerra de 1940. Depois com os casais que reuniu no movimento das Equipes de Nossa Senhora. Finalmente com todos aqueles, de todos os estados de vida, que acorriam a Troussures, para sob sua direção fazer uma semana de oração.

A santidade, que vem a ser isso? Nada de definições abstratas. Mas um convite a olhar para modelos. E entre esses modelos São Paulo. Desde logo percebemos que esse santo é um apaixonado de Cristo. Em cada página das cartas do apóstolo vemos borbulhar o seu amor fervente por aquele que o conquistou depois de áspera luta. Um dia, com efeito, Cristo apareceu-lhe (2Cor 15,8), ele o viu (1Cor 9,1). Desde então sua vida transformou-se radicalmente: "Tudo que antes me parecia vantajoso eu passei a considerar, por causa de Cristo, como lixo, para ganhar Cristo" (Fl 3,7). O amor de seu Senhor impele-o (2Cor 5,14) e ele está certo que nada o poderá separar dele (Rm 8,35-37). Não teme nem mesmo sua própria fraqueza; nem ela poderá separá-lo de seu mestre: "É, pois, de boa vontade que me orgulho de minhas fraquezas, para que repouse em mim o poder de Cristo ... pois quando sou fraco, é então que sou forte" (2Cor 12,9-10). Sua união com Cristo vai até à identificação: "Estou para sempre crucificado com o Cristo: eu vivo, mas já não sou eu, é o Cristo que vive em mim" (Gl 2,19). Essa é a santidade cristã: um amor, esse amor pelo Cristo que devora o coração de Paulo.

Qual o caminho para chegar até a santidade? Em primeiro lugar os sacramentos da Igreja e principalmente a Eucaristia. Padre Caffarel lembrava cheio de gratidão a decisão libertadora de Pio X que, em 1910, convidava os batizados à comunhão precoce e frequente; aliás, por isso é que ele mesmo pudera aproximar-se da Eucaristia aos sete anos. Julgava que isso tinha trazido uma torrente de graças para a Igreja. Por isso é que ele frequentemente exorta os casais, confiados ao seu cuidado espiritual, a receber esse "pão cotidiano".

Nossos cristãos de 1958 [e continua sendo assim em 2002] sabem, é claro, que podemos comungar todos os dias; essa é, pensam eles, uma devoção edificante; mas os melhores, mesmo os militantes, no seu conjunto terão eles compreendido, ou chegaram mesmo a perceber que o regime normal do cristão normal é a comunhão cotidiana? No entanto o que de mais claro que esta palavra do mesmo Pio X: "A Igreja quer que todos os fiéis se aproximem cada dia da mesa sagrada" (Carta Mensal das Equipes de Nossa Senhora, março de 1958).

E existe outro alimento, não menos necessário que a Eucaristia para o organismo espiritual do cristão: a Palavra de Deus. Nosso amor a Deus, para continuar vivo, exige fé viva, um conhecimento vivido. *Ora, o meio privilegiado para termos uma fé viva é deixar que penetre em nós a palavra de Deus viva, criadora e recriadora.* Essa palavra apresenta a nós as grandes obras do Senhor e desperta em nós a admiração e o louvor. Ela nos diz e repete as promessas divinas e faz nascer nossa esperança. Revela-nos o amor infinito de Deus e acende em nossos corações esse fogo que o Cristo veio trazer à terra.

Contudo a Eucaristia e a Palavra de Deus não produziram em nós seus efeitos vitais e transformadores a não ser que nossa alma esteja irrigada pela oração interior. Sem esse intercâmbio vital entre Deus e a alma, sem essa comunhão de amor mantida cada dia pela oração em que a alma acolhe o Senhor e a ele se entrega, a Eucaristia e a Palavra de Deus correm o risco de se tornarem estéreis e formais em sua prática. Por isso o padre Caffarel dedica tanto esforço a levar os cristãos à oração, e a essa forma eminente de oração que é a oração interior. Por isso ele dava este brado de alarme:

O que me parece faltar à comunidade cristã e a seus membros é a vitalidade. [...] Penso que a causa dessa inquietante anemia está no descuido dos cristãos pela oração e, principalmente, por essa forma de oração, face a face com Deus, que se chama oração interior. Naqueles que a negligenciam, fica como que entravada a eficácia da Palavra de Deus e dos sacramentos.

Uma vez que eles não vão haurir, pela oração, da força divina, esses cristãos acabam não tendo forças para a ação; porque eles não contemplam as grandezas de Deus, acovardam-se; porque eles não se elevam até os pensamentos de Deus, eles não têm senão uma visão míope dos problemas do mundo; porque não se conectam com a energia criadora, não têm nenhuma eficácia. Em uma palavra, quando não praticam a oração os cristãos continuam presos a um estágio infantil (PAG 205).

É muito bom para nós, neste início do terceiro milênio, ouvir mais uma vez essa exortação.

Segundo dia

O CASAMENTO, CAMINHO
PARA DEUS

Permitam-me expressar o pensamento de Deus sobre o casamento, à maneira de Péguy, escritor francês por demais esquecido hoje em dia. Deus diz: casal cristão, tu és meu orgulho e minha esperança.

Quando criei o céu e a terra, e no céu os grandes luzeiros, minhas criaturas e vestígios de minhas imperfeições, achei que tudo estava muito bom.

Quando recobri a terra com seu grande manto de campos e de florestas, vi que tudo isso estava muito bom.

Quando criei os animais sem conta na sua diversidade, contemplei nesses seres vivos e pululantes um reflexo de minha vida transbordante, e achei que tudo estava muito bom.

De toda a minha criação subia então um grande hino solene e jubiloso, celebrando minha glória em minhas perfeições.

E no entanto eu não conseguia descobrir a imagem daquilo que é minha vida mais secreta e ardente.

Então nasceu em mim a necessidade de revelar o que havia de melhor em mim mesmo: e essa foi minha mais bela invenção.

Foi assim que eu te criei, casal humano, "a minha imagem e a minha semelhança", e eu vi que isso estava muito bom.

No meio desse universo, onde cada criatura entoa minha glória, celebra minhas perfeições, surgira afinal o amor para revelar o meu Amor.

Casal humano, minha criatura muito amada, minha testemunha privilegiada, compreende que me és caro entre todas as criaturas. Compreendes a esperança imensa que em ti deposito?

Sobre ti carregas toda a minha consideração, toda a minha glória, és para o universo a grande razão de esperanças... Porque tu és o amor (END 144-145).

A santidade à qual são chamados todos os batizados refere-se em primeiro lugar aos casados. Durante muito tempo seu estado de vida foi considerado como um estado de vida inferior, como uma solução para quem não podia encontrar caminhomelhor. Certamente que também os casados eram chamados a se santificar, mas apesar do seu casamento e não tanto por causa de seu casamento – uma santificação de cada um dos cônjuges isoladamente. Continuando uma corrente de pensamento que se inicia no século XX, o padre Caffarel, devendo ocupar-se com jovens casais, consagra uma grande parte de sua reflexão a mostrar que o casamento é um caminho para Deus; e que as pessoas casadas se santificam no e pelo seu casamento; que o sacramento que os une é portador de graças poderosas e que os cônjuges são um para o outro canais dessa graça.

O casal humano é o cume da criação divina, como se lê no livro do Gênesis. Vivendo seu amor conjugal, é chamado a testemunhar Deus que é Amor. Missão esmagadora que não exige nada menos que a santidade. Missão que iria muito além das forças do casal se ele estivesse só, entregue a si mesmo. Mas, exatamente pelo sacramento do casamento, há alguém que entra em jogo.

Cristo vem em pessoa selar a união dessas duas criaturas. Com isso tudo muda. Essa união humana, esse amor de argila, o Senhor o assume. No combate de cada dia, contra todas as forças que queiram ameaçar sua intimidade, os esposos serão amparados por uma outra força, a mesma que mantém os astros no espaço, porque ela é também a força criadora de sua vontade e de seu amor (PAG 59).

O Cristo que diz "sim" ao "sim" dos dois esposos irá agir não apenas junto deles, mas dentro deles para curar e para transformar seu amor conjugal.

O Cristo cura o amor dos esposos ameaçado pelo egoísmo: longo caminho cheio de hesitações, de desfalecimentos, de recomeços, de fracassos em que o Cristo se mostra como Bom Samaritano que ajuda a levantar e cura. O Cristo transfigura o amor dos esposos para levá-los à renúncia de si mesmo e no dom total ao outro. Mistério de morte e ressurreição que está no centro da vida cristã e que se vai traduzindo ao longo dos dias, no concreto da existência. O Cristo finalmente traz fecundidade ao amor dos esposos: se ele os deu um ao outro no sacramento, é para que eles se doem juntos à obra de Deus – que é em primeiro lugar a acolhida dos filhos e sua educação.

Com o padre Caffarel podemos ir apontando as etapas dessa marcha em direção ao amor total, que é a caminhada da santidade. Em primeiro lugar vêm as renúncias e os esforços do casal, sustentados pelo seu amor, para continuar fiel à lei do Cristo. Depois, nesse lar, onde cresce a caridade que o Espírito Santo infunde no coração do amor humano, vai crescendo o lugar ocupado por Cristo: torna-se ele um amigo a quem se procura agradar sempre mais – aquele que é servido em primeiro lugar. Um dia, depois de um longo crescimento da caridade, depois de noites escuras atravessadas, o novo chamado se faz ouvir no coração dos esposos cristãos, ou de um deles: "Vem e segue-me". O Cristo que era o servido em primeiro lugar passa a ser o amado em primeiro lugar, o amado acima de tudo. Não estamos diante do naufrágio do amor humano, mas de sua realização plena: quem responde a esse apelo já não ama com seu frágil coração, mas com o coração do próprio Deus.

O padre Caffarel apresenta como modelo do casal cristão o casal formado por José e Maria: seu casamento baseia-se num amor plenamente humano de dois corações totalmente entregues a Deus. *"Como todo amor, também o deles aspira ao repouso na comunhão das almas e nela se realiza. Seu vínculo, seu ponto de encontro, é o próprio Deus. É nele que eles são um, é com ele que eles comungam entrando em comunhão um com o outro. Abrir-se a Deus juntos, doar-se juntos, juntos viver dele, calar para unir-se em adoração: esse é o segredo das vigílias que, nas noites de dias cansados, o carpinteiro de Nazaré vive junto de sua jovem esposa (Prends chez toi Marie ton épouse,* p. 132).

Como avançar nesse caminho atraente mas cheio de armadilhas? De novo encontramos aqui a indispensável oração: a oração de cada um dos esposos, é claro, mas também a oração do casal e da família.

Terceiro dia

A ORAÇÃO DO LAR

A oração conjugal é um desses momentos privilegiados em que o casal se abre à ação do Espírito Santo. Com efeito não podemos representar o casal como duas metades de uma esfera que, ao se aproximar, formam um todo bem fechado. Ele deve antes ser considerado como as duas metades de uma taça que se unem para se abrir à efusão do Espírito Santo. [...] É preciso ir mais longe ainda e sublinhar o nexo entre a oração do casal e o sacramento do matrimônio. A oração conjugal é um tempo forte do sacramento do matrimônio. Ouçam quatro frases de quatro casais diferentes: "Quando fazemos a oração conjugal, é como se de novo estivéssemos nos casando". "Esse momento é um prolongamento de nosso sacramento do matrimônio." "Uma das suas razões de ser é que ela mantém em nós a graça do casamento". E, finalmente: "É como se, todas as noites, repetíssemos o nosso sim sacramental". [...] Por nada do mundo faltem a esse "encontro sacramental" que é a oração conjugal cristã: Deus ali os está esperando (Conferência às Equipes de Nossa Senhora, 1980).

O sacramento do matrimônio não é caminho para Deus a menos que o casal recorra regularmente às energias espirituais que ele contém. Para isso um dos grandes meios é a oração conjugal. Seja qual for sua forma ou fórmula, ela faz que os esposos se voltem para a fonte de seu amor, que é Deus, para lhe pedir ajuda. Ela relembra ao Cristo o compromisso que ele assumiu quando, pelo "sim" do sacramento, deu esses dois filhos seus um ao outro. Ela abre o coração do marido e da mulher à ação do Espírito Santo que cura e transfigura seu amor. Numa palavra, a oração é o recurso confiante à graça do sacramento do matrimônio.

Com efeito, o Cristo está presente no lar que se dá a ele. É por isso que o lar cristão, como nos diz são João Crisóstomo, é uma "Pequena igreja". É certo; o Cristo está presente junto daqueles que se reúnem em seu nome (Mt 18,20). Mas no caso do casal cristão ainda há mais: uma aliança, no sentido bíblico, entre o Cristo e o lar.

Ligado assim ao casal, presente no lar, Cristo é levado a dar graças a seu Pai, a interceder com ele pelos esposos em favor do mundo inteiro. Quando este homem e esta mulher oram na calma de seu quarto, é a oração de seu Filho bem-amado que o Pai do céu escuta; porque o Espírito do Cristo inspira os seus sentimentos (MRD 244).

Para que exista uma verdadeira "oração conjugal" é preciso que o casal seja verdadeiro, isto é, espiritualmente unido. Isso supõe que no momento da oração não exista nenhuma discordância entre marido e mulher, que a paz esteja restabelecida entre eles, que saibam pedir e dar o perdão. E importa também que eles escutem juntos o Cristo, começando com uma leitura de sua palavra: palavra viva, palavra atual, palavra atuante, à qual dar a resposta de sua própria palavra.

Quando o casal se torna família, a oração conjugal, sem desaparecer, pois continuará sempre como cerne, prolonga-se e desabrocha em oração familiar. Onde os pais procuram fazer de seus filhos "adoradores em espírito e em verdade", a oração de toda a família torna-se culto prestado a Deus. A casa transforma-se nessa "casa de oração" de que fala o profeta (Is 56,7). Assim compreendida, a oração familiar *é muito mais que um simples e tocante costume: é verdadeiramente a atividade primeira, fundamental e distintiva da família cristã* (MRD 249). É desejável que as crianças participem ativamente dessa oração desde que estejam em condição de o fazer: por uma leitura, pela expressão espontânea de seus sentimentos – ou simplesmente por um gesto, como ajoelhar-se, acender uma vela ou coisa semelhante. É preciso ensinar-lhes as diferentes atitudes na oração: o pedido, sem dúvida, pois já sabem apresentar suas intenções, mas também o agradecimento e o louvor. É preciso ensinar-lhes as orações fundamentais: Pai-nosso, Ave-Maria e outras. Seria bom recorrer também às fórmulas litúrgicas para acostumá-los ao ciclo anual dos mistérios do Cristo e à grande oração da Igreja.

Como a oração da Igreja forma a comunidade Igreja, a oração familiar cria a unidade familiar. Principalmente se ela se faz num clima de reconciliação, se cada noite a oração dissipa as desavenças do dia. Essa oração é sumamente educativa para a alma das crianças: elas não apenas ouvem falar de Deus, mas também falam com ele; Deus torna-se para elas alguém vivo e real, com quem elas se relacionam na fé e no amor. A esse Deus elas imploram pelos outros, próximos ou afastados, que elas aprendem a respeitar e a amar.Não está nisso o essencial da educação cristã?

Nesse ponto cabe uma pergunta: oração conjugal ou oração familiar? O padre Caffarel responde: ambas. De modo especial ele exorta os casais a jamais abandonar a oração conjugal, que continua sendo sempre o fundamento da vida espiritual da família. O casal *não tem condição de ser a fonte de onde jorra vida familiar a não ser na medida em que todos os dias se abre às bênçãos de Deus pela oraçãoconjugal. Ele não pode querer guardar sua unidade e aprofundá-la a não ser recorrendo a ação unificante de Deus através dessa mesma prece conjugal. [...] E se acontecer de eles terem sido infiéis a seus deveres, não será então necessário que eles juntos solicitem o perdão de Deus? E finalmente não é justo que marido e mulher deem graças, lado a lado, pelos dons que o Senhor concede a seu lar? Podemos e até mesmo devemos dizer que a oração familiar vale tanto quanto vale a oração conjugal. De uma oração conjugal verdadeira jorra viva e rica a oração familiar [...] Será que consegui convencê-los que é de uma grande importância a oração que, dessa "Igreja em miniatura" que é a família cristã, sobe para Deus? Imaginem como seriam vivas e fortes as nossas paróquias se todos os lares praticassem a oração em comum!* (MGS 255).

E se essa oração em comum for nutrida pela oração pessoal de cada um dos membros da família!

Quarto dia

A ORAÇÃO INTERIOR

Por oração eu entendo essencialmente o que em geral é designado como oração mental. [...] A oração mental é um entreter-se da alma com Deus. É assim que sempre disseram os mestres espirituais. "A oração, eu ousaria dizer, é uma conversa com Deus", *escrevia Clemente de Alexandria. Para São Bento,* "orar é ocupar-se com Deus". *Para Santa Teresa d'Ávila a oração mental é* "um comércio de amizade com Deus, no qual nos entretemos a sós com esse Deus por quem nos sabemos muito amados". *Para D. Marmion:* "O entreter-se de um filho de Deus com seu Pai do céu, sob a ação do Espírito Santo". *Essas palavras* "conversa", "entreter-se" *podem, contudo, levar-nos afinal a um equívoco como se a oração consistisse em falar interiormente a Deus. Pelo contrário, a oração é um ato vital que abrange todo o nosso ser* (PD 16-17).

Se o padre Caffarel relembra a todos os batizados que eles são chamados à santidade, se ele mostra aos casais cristãos que seu caminho de santidade é o sacramento do matrimônio, ele se preocupa de os fazer caminhar nessa direção. Parece-lhe que existe um meio indispensável, que vivifica todos os outros: a prece interior ou a "oração". Ele elabora uma pedagogia da oração que inspira todas as páginas seguintes deste livro.

"Uma conversação com Deus", e isso supõe e leva a um encontro pessoal com Alguém. Alguém que ali já está, sempre ali, que nos ama e nos espera. O pai do Evangelho esperava o filho pródigo: Quando estava ainda longe, seu pai o viu e, movido de compaixão, correu ao se encontro, atirou-se-lhe ao pescoço e o cobriu de beijos" (Lc 15,20).

Meu caro amigo, escrevia o padre Caffarel, *eu gostaria que vocês ao irem para a oração estivessem profundamente convencidos que estão sendo esperados pelo Pai, pelo Filho e pelo Espírito Santo, aguardados na família trinitária* (PD 9).

Ao orar, a pessoa não procura em primeiro lugar sua vantagem, ainda que espiritual, mas a glória de Deus ao qual rende um culto filial, com o qual estabelece uma relação de amor. Dá uma resposta ao convite de Cristo: "Você, ao contrário, quando for rezar, entre no seu quarto, feche a porta e reze ao Pai em segredo; e seu Pai, que conhece todo segredo, lhe dará a recompensa" (Mt 6,6). No entanto, a oração não deixa de trazer benefícios para a pessoa: "Seu Pai lhe dará a recompensa". Ela encontra no seu relacionamento com Deus o desabrochar de todo o seu ser de filho de Deus; abre-se à onipotência divina que age por ela no mundo; e por isso enriquece e equilibra no plano humano sua vida pessoal, sua vida conjugal, sua vida social...

Como organizar esse "encontro"? Aqui estão alguns conselhos práticos e que poderão ser seguidos conforme o temperamento de cada um, suas condições de vida, suas atrações interiores etc. Encontre um lugar calmo, silencioso, e solitário para evitar enquanto possível tudo que poderia ser fonte de distração: pode ser o quarto tranquilo, uma igreja, um lugar isolado na natureza... Seria bom ter diante dos olhos um objeto que lembrasse a Deus, para ajudar a manter a atenção: por exemplo um crucifixo, um ícone...

Marcar cada dia um tempo para Deus, como os casais reservam para si momentos de intimidade, para exprimir e alimentar seu amor. Se possível deveria ser sempre no mesmo horário. Um momento em que estejamos mais despertos e mais disponíveis interiormente. E ser fiéis a esse horário, custe o que custar. Começar esse momento com um gesto de fé bem consciente: uma genuflexão, um sinal da cruz... Assumir uma posição estável. Depois começar ouvindo o hóspede divino: temos sua palavra inesgotável. Ler uma passagem dessa palavra de Deus. O que é que ele me disse hoje? São muitos os que preferem aproveitar os textos indicados pela liturgia do dia. Durante o tempo de oração, voltar mais vezes a essa palavra para manter nossa atenção voltada para Deus que nos fala.

Escutar é orar. Nossa resposta será oração: de súplica, de intercessão, de louvor, de agradecimento... Voltaremos ainda a essas grandes atitudes. O que precisamos destacar desde logo é que a atividade orante é uma atividade de fé e de amor na esperança, uma atividade "teologal" que nos introduz no mundo de Deus. Fé: ruminar a palavra de Deus que acabamos de ouvir. Amor: dizer sim ao que Deus nos pede. *O importante não é pensar muito, é amar muito [...] Exercer a caridade consistirá não tanto em fazer surgir no coração emoções, fervores e sentimentos, mas consiste em aderir com toda a vontade ao próprio Deus, desposando seus desejos e seus interesses* (PD 29). Esperança: aspirar a essa união com aquele que amamos e esperar dele com toda a confiança. Aí está como ocupar o tempo da oração.

E, para terminar a oração, um gesto significativo como o sinal da cruz, lento e bem consciente. É bom conservar da palavra de Deus uma fórmula curta ou um versículo que nos alimente durante o dia.

A prática da oração é difícil por diversas razões. Que isso porém não seja um obstáculo. Devemos esforçar-nos para remediar as dificuldades, das quais as mais frequentes são as distrações, o enfado, o cansaço, a tensão. É preciso sempre levar de volta a nossa atenção para Deus, presente em nós, fazendo atos de fé, amor, de adesão à sua vontade. Sem impaciência. Sem perder a coragem. Humildemente.

Mas poderemos fazer oração se estamos atolados no pecado, se dele não nos conseguimos libertar? É preciso dizer: nesse caso, mais ainda. Vamos voltar ao nosso ponto de partida: Aquele que nos espera é o pai do filho pródigo: quanto maior é a nossa miséria, tanto mais devemos correr em busca de sua misericórdia.

A oração é isso: um momento privilegiado para tomar consciência de nossa miséria, para afastar-nos dela voltando-nos para Deus [...]. Compreendam bem: não é o filho que se purifica, santifica-se a si mesmo e volta à procura de seu pai [...]; é o perdão paterno que o purifica, transforma, reveste do manto de festa. Vamos falar sem imagens: a purificação e a santificação do pecador não são obra do homem mas de Deus (PD 53).

Sim, vou levantar-me cada dia para ir à procura de meu Pai e passar um momento em sua intimidade.

Quinto dia

O "CORAÇÃO NOVO"

Nos escritos de homens e mulheres que encontraram a Deus, existe sempre uma alusão a uma misteriosa faculdade,ue se despertou neles, e os colocou em contato com ele. Em resumo, é isto que eles nos dizem: "Não são meus sentidos corporais que estão em jogo, nem minha afetividade, nem minha inteligência, mas um 'sentido' novo cuja existência eu desconhecia em mim". [...] Se esse sentido espiritual é ignorado pelos manuais de psicologia, é muito bem conhecido pela Bíblia. Para ela trata-se do "coração". [...] A antropologia cristã vê assim essa realidade: Deus deu ao homem sentidos corporais para que pudesse manter contato com o mundo sensível; deu-lhe faculdades intelectuais para entrar em contato com o mundo das ideias; deu-lhe um "coração" finalmente para entrar em contato com ele. O homem perverteu seu "coração", mas se ele acolhe o Cristo Salvador, seu "coração" é purificado e renovado, ele começa a viver (5S 13-17).

Nos tratados de psicologia não encontramos esse sentido. É que eles não tratam do espiritual, mas apenas do psicológico.Mas nos escritos dos santos encontramos referências a esse sentido. Para exprimir essa realidade que descobriram, eles usam várias expressões: "as profundezas do coração", "o ponto mais alto da alma" (Sto. Agostinho), "espírito da alma" (Sta. Teresa d'Ávila), "centro da alma" (S. João da Cruz), "ponta aguçada da alma" (Sta. Joana de Chantal). São vários os termos, mas a experiência é a mesma: no fundo deles mesmos surgiu uma capacidade nova no contato com Deus. Imaginemos um cego de nascença que de repente recebesse o dom da visão: que ofuscamento! O mesmo acontece com aqueles nos quais despertam "profundezas do coração" que os põem em contato com Deus. Com Jó eles exclamam: "Não te conhecia senão por ouvir dizer, mas agora meus olhos te viram" (Jó 42,5).

Padre Caffarel dá-nos uma viva explicação sobre isso com o relato que Paul Claudel faz de sua conversão: "Em um instante meu coração foi tocado e eu acreditei... Tentando, como o faço muitas vezes, reconstruir os minutos que se seguiram a esse instante, é extraordinário, encontro os elementos seguintes que, contudo, não formam senão o mesmo relâmpago, a mesma arma com a qual a providência divina atingiu e abriu enfim o coração de um pobre filho desesperado: Como é feliz quem acredita! Ah, se isso fosse verdade! *Mas é verdade!* Deus existe, está presente. Ele é alguém, é um ser tão pessoal como eu. Ele me ama, me chama". Não é sua inteligência que foi tocada: "Minhas convicções filosóficas continuavam as mesmas. Desdenhosamente Deus as deixara como estavam..." Nem sua afetividade: "Os padres e os fiéis continuavam inspirando-me a mesma aversão, que chegava até ao ódio e ao desgosto". Tratava-se de seu coração. Utilizando essa palavra Claudel retoma a Bíblia da qual foi leitor incansável.

Com efeito é ao sentido bíblico da palavra "coração" que se referem os vários termos empregados pelos descobridores de Deus. Segundo a

Bíblia, o homem é dotado de um coração capaz de o colocar em contato com Deus. Mas, depois do pecado, esse coração está "sem inteligência e obscurecido", como nos diz São Paulo. Está inclinado para o mal. Com aquele que se afasta de Deus e permanece em seu mau caminho, acontece o que a escritura apresenta como a pior das enfermidades: "o endurecimento do coração".

Contudo o Cristo veio realizar a promessa de Deus transmitida pelo profeta Ezequiel: "Eu vos darei um coração novo... Arrancarei de vosso peito esse coração de pedra e vos darei um coração de carne" (Êx 36,26). O Cristo veio para nos dar um "coração novo".

Todo cristão recebe no batismo esse "coração novo". Mas é preciso educar e exercitar esse coração. Senão ele se esclerosa. Senão perecem a fé, a esperança e o amor que são os dinamismos pelos quais pode entrar em relação com Deus. Para desenvolver o "coração novo" existe um meio privilegiado: a oração interior. Ela nos faz abandonar pouco a pouco as zonas exteriores de nosso ser: nosso corpo, nossa afetividade, nossa mentalidade, para chegar a esse "quarto secreto do coração" onde podemos estabelecer o diálogo com Deus.

Quando se dirigia a noivos ou a casados, o padre Caffarel os remetia sempre à experiência de seu amor humano para que melhor pudessem compreender os caminhos espirituais. Para ele um verdadeiro amor enraíza-se no "coração". Aí encontra sua força e sua criatividade. *É preciso cada dia partir ao encontro um do outro, por caminhos desconhecidos, tentando adivinhar a vida profunda do cônjuge, procurando o que pode despertar sua atenção, seu interesse, sua ternura, evitando o que no momento o incomoda ou perturba, descobrindo aquilo que pode estabelecer a comunhão. E então, às vezes acontece o milagre: um verdadeiro intercâmbio profundo, em que os corações e as almas comungam; as palavras tornam- se maravilhosamente aptas para nutrir esse intercâmbio – a menos que o silêncio não se mostre mais eficaz para isso* (PD 21-22). Com a oração acontece o mesmo que com a vida conjugal: o verdadeiro encontro acontece se ambos descem às profundezas do "coração".

Entremos em oração repetindo lentamente em nosso coração esse hino que o padre Caffarel adaptou de uma prece tâmil (texto completo em seu livro *Dieu, ce nom le plus trahi*, p. 203-204, mas

cada um pode criar ao seu redor todas as variações
que desejar, mudando o segundo verso):

Ó tu que habitas no fundo de meu
coração,
Faze que te encontre
No fundo de meu coração.

Sexto dia

"QUERO O QUE QUERES"

Onde está o essencial da oração? Na vontade. Mas não vejam na vontade esse mecanismo psicológico que nos faz tomar uma decisão, ou nos leva a executar o que nos desagrada. A vontade, em boa filosofia, é a aptidão de nosso ser profundo para se orientar livremente em direção a um bem, em direção a uma pessoa, a um ideal, a "comprometer--se", para empregar uma palavra muito do gosto de nossa geração. Quando nosso ser profundo se volta para Deus e se entrega a ele, livre e deliberadamente, é então que se faz uma oração verdadeira, mesmo se a nossa sensibilidade está inerte, nossa reflexão é pobre e nossa atenção sujeita a distrações. E nossa oração vale o que valem essa orientação e essa entrega profunda (PD 25).

Oração não é questão de atenção, nem de sensibilidade, nem de atividade intelectual. A oração está nesse "quero", na adesão de minha vontade à de Deus. Consiste em orientar voluntariamente para Deus esse "coração novo" recebido no batismo.

O padre Caffarel ilustra essa disposição com uma anedota. Durante uma viagem de avião, ele foi convidado por um amigo que fazia parte da tripulação a fazer uma visita à cabina de pilotagem. No mais animado da conversa, ficou espantado ao ver que os pilotos abandonavam os comandos para falar com ele. O medo deve ter transparecido em seus olhos. Os pilotos tranquilizaram-no, explicando que o piloto automático tinha sido regulado no momento da decolagem, e que era capaz de tomar conta do avião. Eles deviam apenas vigiar o bom funcionamento do aparelho... O mesmo deve acontecer em nossa oração. *O mais importante é, no início da oração, regular o piloto automático, isto é, fazer um ato forte e lúcido da vontade* (5S 34). Enquanto essa disposição da vontade não for modificada, mesmo que haja acidentes de percurso, principalmente distrações, a oração continua. É bom renovar mais vezes esse "eu quero" durante a oração, para estarmos seguros que a orioentação de nosso ser em direção a Deus não se desviou. *Quando estou orando, Deus presta menos atenção aos meus desfalecimentos e fraquezas do que a este meu "quero estar todo voltado para ti" mais profundo* (5S 36).

"Quero o que queres." Essa decisão inicial estabelece uma relação pessoal com o Cristo, com Deus, uma relação eu-tu, na qual está toda a realidade da oração. Essa atitude torna-nos presentes a Deus, que está presente em nós. Com efeito, essa é uma relação que existe em nós desde o batismo: não é outra coisa senão o dom da fé e da caridade. Todo o papel da oração é tornar consciente e atual essa relação.

Para tornar ainda mais concreta essa relação de fé e de amor, vejamos o Cristo agir, ouçamo-lo falar-nos no Evangelho. Procuremos assumir seus pontos de vista, seus sentimentos, seus pensamentos e suas vontades. Para isso apoiemo-nos em um texto, que iremos depois "ruminar" ao longo de nossa oração. Tomando sempre o cuidado, porém, que o "eu penso" não passe à frente do "eu quero". Não deixando que o "eu sinto" predomine, se por acaso Deus nos concede algum fervor sensível, com o qual nos podemos alegrar, mas no qual não nos devemos comprazer. Procuremos a oração por causa de Deus, desinteressadamente, não por causa de nós mesmos. Como diz um místico muçulmano: "Que diferença entre aquele que vai ao festim por causa do festim, e aquele que vai por causa do bem-amado!" Que o fervor sensível não enfraqueça nosso "eu quero"; e que, pelo contrário, o enfado sirva até para reforçá-lo. "Quero, Senhor, o que tu queres desta oração. Cheia de fervor ou árida, como quiseres." O "quero o que queres" é a linguagem do amor. E só o amor nos pode unir a Deus.

Se há uma afirmação que volta mais vezes aos lábios de Cristo, é exatamente essa de sua total adesão à vontade do Pai: "Meu alimento é fazer a vontade daquele que me enviou, e realizar a sua obra" (Jo 4,34). "Faço o que o Pai me ordenou" (Jo 14,31). E esta será uma de suas últimas preces, quando está para iniciar sua paixão: "*Abba* (Pai), todas as coisas vos são possíveis: afastai de mim este cálice. Mas não aconteça como eu quero, mas como vós quereis" (Mc 14,36). Assim Jesus manifesta até o fim seu amor total ao Pai. Ele é, como diz São Paulo, um "sim" total a Deus (2Cor 1,19).

O amor humano ajuda-nos a compreender essa atitude essencial. *Afinal o que o amor humano quer exprimir quando se sente irresistivelmente levado a dizer sim? Ouçamos essa jovem, heroína de um romance; ela acabou de passar um longo dia em companhia de um rapaz por quem – mesmo sem o ter ainda confessado – experimenta um amor sempre maior: "Ela atira-se na cama e afunda o rosto no travesseiro. – Sim, sim, sim! ... Miguel! Sim e mil vezes sim. Sim e sim para todos os anos de minha vida. Sim, sim, sim para tudo, tudo ... (e ela afunda ainda mais o rosto no travesseiro) para tudo que me pedires, para sempre". O sim para Deus de Francisco e daquele meu amigo tem o mesmo significado que esse dessa moça. É uma palavra de amor, a grande palavra do amor; do amor que se exprime e se compromete totalmente, definitivamente. Essa é, pois, a grande palavra da oração. Ato de uma liberdade que aceita sem re-servas a vontade de Deus* (NLP 99-100).

Pode ser que ainda achemos bem difícil esse "quero". No fundo de nós mesmos ainda existem resistências ao querer divino, que não se deixam vencer facilmente. *Nesse caso*, diz-nos padre

Caffarel, *recorram a uma fórmula mais humilde, mas não menos verdadeira, nem menos decisiva: "Bem que eu gostaria". "Gostaria muito de chegar a querer vossa vontade, Senhor." Há tanta boa vontade nesse condicional* (5S 38).

Hoje, durante todo o nosso dia, vamos repetir:

*Ó tu que moras no mais profundo de
meu coração,
Quero o que queres
No fundo de meu coração.*

Sétimo dia

O CRISTO ORA EM MIM

Logo no início de sua oração, façam um ato de fé na misteriosa presença do Cristo em vocês, presença garantida pelas Escrituras [...]. Se o Cristo está vivo em vocês, ele está orando em vocês. Pois, para Cristo viver é orar. Juntem-se a ele: tomem, apoderem-se de sua oração. Ou melhor – porque esses termos salientam demais a atividade de vocês – deixem que essa oração se apodere de vocês, invada-os, eleve-os, arraste-os para o Pai. Não lhes prometo que vocês a percebam; peço-lhes apenas que acreditem nela e, durante a oração, que deem e renovem uma plena adesão. Cedam-lhe o lugar, todo o lugar. Que ela possa apoderar-se de todas as fibras de seu ser, como o fogo penetra a madeira e a torna incandescente (PD 108).

O Cristo habita o cristão. Essa é uma afirmação repetida em São Paulo e em São João. "Pela fé o Cristo habita em nossos corações" (Ef 3,17). Ou ainda: "Não reconhecem que Jesus Cristo está em vocês?" (2Cor 13,5). E mais explicitamente ainda esta experiência íntima de São Paulo: "Já não sou eu quem vive: é Cristo que vive em mim" (Gl 2,20). São João não fica atrás; diversas vezes põe nos lábios de Cristo estas palavras aos discípulos: Eu em vocês e vocês em mim" (Jo 14,20; 15,4.6.7;17,23). É ele também que nos guardou esta promessa maravilhosa: "Se alguém me ama, guardará minha palavra, e meu Pai o amará, e viremos a ele, e faremos nele a nossa morada" (Jo 14,23). Ora, onde o Cristo vive ali está orando. Assim podemos transformar, sem trair a frase de Paulo aos gálatas: Oro, mas já não sou eu quem ora, é o Cristo que ora em mim.

Como é, pois, essa oração do Cristo? É em primeiro lugar a necessidade de estar só com seu Pai, depois de dias cheios de atividade no meio da multidão que o cercava. Retira-se na solidão para orar: é o que muitas vezes nos dizem os Evangelhos. Muito especialmente de noite. Que faz ele? Adora o Pai em nome de toda a humanidade. Agradece porque a obra do Pai se realiza. Intercede junto do Pai pela imensa miséria física e espiritual da humanidade. Pede por esses jovens que ele escolheu para uma pesada missão. Louvam o Pai por todas as maravilhas da criação. Nas palavras dos salmos certamente vinham à sua lembrança. "Senhor, nosso Deus, como é grande vosso amor pelo universo". E depois, nas últimas horas, esta oração no Jardim das Oliveiras, que era a base de toda a sua oração: "Pai, todas as coisas vos são possíveis; afastai de mim este cálice. Mas não aconteça como eu quero, mas como vós quereis" (Mc 14,3). E mais ainda esse abandono filial na cruz: "Pai, em vossas mãos entrego o meu espírito" (Lc 23,46).

Essa oração, que vimos brotar espontaneamente na vida de Cristo sob diferentes formas, não é senão o aflorar de uma camada mais profunda: sua relação filial com o Pai. Jesus não apenas ora; ele é oração. Oração viva, contínua contemplação do Pai, contínua acolhida do dom do Pai, contínua oferta de si mesmo, contínua aceitação da vontade de seu Pai. *A oração terrestre do homem Jesus não é senão o prolongamento do diálogo eterno do Filho com seu Pai, daquilo que se poderia chamar prece eterna do Filho* (5S 41-42).

Como batizados, de certa maneira temos a nossa disposição essa prece do Cristo. Ela não torna supérflua nossa oração; pelo contrário, convida a nossa a unir-se a dele, a transformar-se na sua prece filial, para que ele mesmo a ofereça ao Pai. Ou melhor: ele continua em nós sua própria oração. Quer que, com ele, nos tornemos prece. Que através de nós, pouco a pouco, ela se estenda a todo o universo.

Da mesma forma como na noite de Páscoa, na igreja em trevas, a chama do círio pascal comunica-se pouco a pouco com a multidão de velas nas mãos dos fiéis, assim também o Cristo pelo batismo vai conquistando os homens de um em um, através do mundo, e faz surgir em suas almas, de suas almas, sua prece filial (PD 106).

O Cristo ora em nós: é preciso porém que lhe abramos espaço. Afastando os obstáculos que os cuidados temporais, as paixões e nosso egoísmo profundo criam em nós. Intensificando a vida do Cristo em nós e portanto sua oração pelo recurso à palavra de Deus, aos sacramentos e por toda uma vida teologal. Querendo, no fundo de nosso coração, pertencer totalmente a ele e deixando-nos assimilar a ele e a sua oração. Acima de tudo, aderindo totalmente, com um "coração novo", àquilo que ele quer de nós: "Quero o que tu queres".

Nossa cooperação consiste em primeiro lugar em aderir, pelo nosso querer mais profundo, à oração do Cristo em nós. Mas note-se bem o sentido muito forte que estou dando a essa palavra "aderir": não indica uma aceitação tíbia, uma concordância apenas de palavras, mas um dom total como o da lenha que se entrega à chama para também se transformar em fogo (PD 108-109).

Na oração, pois, não se trata tanto de inventar uma prece, mas de ligar-nos a uma prece que já está pronta em nós. A oração cristã não é em primeiro lugar obra do homem, mas obra de Deus no homem, oração do Cristo no homem. É isso que dá à oração cristã sua irredutível originalidade.

É preciso acrescentar que ela é também oração do Cristo total. Alguns padres da Igreja comparam o Cristo ao rei Davi que, para celebrar o Senhor, acompanhava- se com a harpa. Eles comentam dizendo que o novo Davi, o Cristo, para louvar dignamente seu Pai, utiliza essa harpa que é seu corpo místico, da qual os cristãos são as cordas. Assim, unindo-nos à prece do Cristo, unimo-nos também à prece da Igreja, à oração de todos os nossos irmãos em Cristo.

Essa oração do Cristo em nós é o Espírito Santo que a suscita.

Oitavo dia

"VINDE, ESPÍRITO SANTO"

Um ser misterioso suscita a oração do cristão, orienta-a, arrasta-a até o Pai Todo-poderoso: o Espírito Santo. O apóstolo Paulo apresenta-nos esse admirável ensinamento nos termos mais explícitos: "O Espírito socorre a nossa fraqueza: não sabemos o que pedir para rezar como convém, mas o próprio Espírito intercede por nós com gemidos que as palavras não conseguem explicar" (Rm 8,20). Essa oração do Espírito em nós, é isso que faz a grandeza da nossa oração. Nós a ela chegamos fatigados de coração e de espírito, balbuciando palavras muito pobres: não importa! Dessa lenha morta o Espírito faz saltar uma chama viva (PD 49-50).

A oração do Cristo em nós é suscitada pelo Espírito Santo. É ele que forma em nossos corações esse grito filial: *Abba!* Pai muito amado! Renovemos nossa fé nessa ação do Espírito Santo em nossa vida e em nossa oração.

O Espírito do Senhor, o sopro de Deus, é a grande promessa do Antigo Testamento. Prometido para os tempos messiânicos, ele deve trazer uma regeneração interior das pessoas às quais ele dará um "coração novo" (Êx 36,26-27). Assim ele criará um povo novo.

De fato, vemos o Espírito repousar sobre o Cristo no batismo (Mc 1,10) e o conduzir durante sua vida pública (Mt 4,1; Lc 4,14...). O Cristo promete o Espírito Santo aos seus quando sua presença visível tiver sido substituída por sua presença invisível no fundo dos corações: o Espírito virá terminar, ao longo de todos os tempos, a obra do Cristo na sua Igreja e nos corações. Deus age "Por suas duas mãos, o Cristo e o Espírito", como diz Santo Irineu.

E o dom do Espírito Santo acontece no dia de Pentecostes quando a Igreja nascente está reunida na oração (At 2,1-4). A Igreja é o lugar onde é dado o Espírito. É preciso estar unido ao corpo do Cristo para receber o Espírito do Cristo, o que normalmente acontece no batismo (Jo 3,5).

Ao cristão caberá abrir-se à ação do Espírito que o habita, para ser animado e movido por ele.

Animado. Como a alma anima o corpo, o Espírito Santo anima o cristão e dá-lhe a possibilidade de agir sobrenaturalmente. Ele está no início de nossa fé (1Cor 2,3), de nosso conhecimento de Deus (1Cor 2,10-16), de nossa esperança (Rm 15,13), de nosso amor (Rm 5,5), de nossa santificação (Rm 15,16; Ef 13,16-17), de nossa coragem apostólica (lembrar Pentecostes), de nossa ressurreição (Rm 8,11).

Movidos pelo Espírito. Essa ação do Espírito é inicialmente imperceptível. Mas à medida que o cristão se entrega a ele, torna-se cada vez mais sensível as suas inspirações. Graças aos dons do Espírito que são como antenas muito sensíveis para perceber seus impulsos. É assim que os santos se tornaram "homens espirituais": entregues ao Espírito, irão avançando não mais impulsionados por remos (apenas pelo exercício das virtudes teologais), mas à vela, graças aos "dons" que captam o sopro do Espírito. A prece interior é um meio privilegiado para construir em nós esse "homem espiritual", dócil ao Espírito e que assim avança com todas as velas ao vento.

Começamos a perceber o papel do Espírito em nossa oração. Peçamos esse dom por excelência do Pai e do Filho. "Portanto, se vocês, apesar de seus defeitos, sabem dar coisas boas aos seus filhos, quanto mais o Pai do céu dará o Espírito Santo aos que lho pedirem!" (Lc 11,13). E ele o dará "sem medida" (Jo 3,34). É por isso que a Igreja põe em nossos lábios a invocação "enviai o vosso Espírito..." Mas nos faz também invocar diretamente o Espírito Santo, como na liturgia de Pentecostes: *Veni Sancte Spiritus... Veni Creator Spiritus... "Vem, Espírito Santo... lavai... regai... curai... amolecei... acalentai... endireitai...* O Espírito vem com todas as riquezas divinas: amor, alegria, paz... Que São Paulo chama de "frutos do Espírito" (Gl 5,22).

Mas principalmente o Espírito vem orar em nós, formar em nós a oração filial de Cristo como no-lo diz admiravelmente São Paulo: "O Espírito que vocês receberam não os torna escravos, para viverem com medo; mas vocês receberam um Espírito que os transformou em filhos adotivos, e que nos permite exclamar: '*Abba*, papai!' O próprio Espírito atesta ao nosso espírito que somos filhos de Deus" (Rm 8,15-16). "E porque vocês são filhos, enviou Deus para os nossos corações o Espírito de seu Filho, que clama: '*Abba!*', oque significa: meu pai!" (Gl 4,6).

É impossível perceber essa oração do Espírito; mas uma palavra ali percebermos: Abba! *Pai [...]. Assim a substância de nossa oração é esse impulso de ternura filial do Filho para com seu Pai, que o Espírito Santo faz surgir em nossa alma. Sendo assim, podemos ainda nos admirar que a nossa oração humana seja agradável a Deus?*

Enquanto ainda somos aprendizes da oração, habitualmente não temos consciência dessa oração do Espírito Santo, não percebemos esse grito: Pai! Pai! Que no entanto ressoa nas profundezas de nosso ser. Nossos sentidos interiores, ainda mal-educados, são insensíveis a essa presença do Espírito em nós. Mas, de tempos a tempos, com uma alegria íntima, e cada vez mais frequentemente à medida que se vai afinando nosso sentido espiritual, pressentimos alguma coisa da vida fremente do Espírito do Cristo: "O próprio Espí-

rito atesta ao nosso espírito que somos filhos de Deus" (Rm 8,16). *Ou seja, descobrimos em nós um impulso de amor para com o Pai, que temos de reconhecer não vem de nós. O orar, então, é a coisa mais simples: não é preciso senão consentir, aderir (duas palavras com sentido muito forte para os espirituais) ao que está acontecendo em nós; basta entregar-nos à oração do Espírito Santo, como o óleo da lâmpada se entrega à chama que o consome* (PD 50).

Nono dia

"*ABBA*, PAI MUITO AMADO"

Jesus fez muito mais do que ensinar aos seus as palavras que deveriam usar na sua oração. A partir do dia de Pentecostes, ele envia o Espírito Santo que, no fundo no coração de cada cristão, murmura: Abba! Se sabemos viver no interior de nós mesmos, não poderíamos deixar de reconhecer sua voz. É preciso acreditar que os correspondentes de São Paulo eram mais sensíveis que nós às inspirações do Espírito Santo. Com efeito, para lembrar que são filhos de Deus, o apóstolo não hesita em lhes escrever (parafraseio muito pouco seu texto): "Não é verdade que, quando vocês se recolhem, uma palavra, um grito jorra do fundo de sua consciência: Abba! Isso não nos deve espantar: vocês receberam o Espírito Santo e, vocês sabem muito bem, o Espírito Santo é o Espírito do Filho. O Espírito do Filho desperta em vocês os sentimentos do Filho e faz brotar de seus lá-

bios a invocação do próprio Cristo: Abba, Pai bem--amado! Que prova melhor vocês podem desejar de sua filiação divina?" (PD 114).

Quais são esses sentimentos do Filho, que devem ser nossos! Nós podemos ver no Evangelho. Ali podemos perceber principalmente o que há de mais central do Cristo, seu amor dominante, e portanto também o segredo de seu coração: o Pai me ama e eu amo o Pai.

É tomado de admiração que o Cristo diz a seus discípulos: "O Pai me ama" (Jo 10,17). Sem dúvida experimentando então aquela indizível comoção no Espírito Santo mencionada por Lucas em uma outra ocasião, exatamente quando Jesus se dirigia a Deus seu Pai (10,21). Podemos perceber isso nas muitas pequenas frases que escapam dos lábios do Cristo: "O Pai e eu somos um" (Jo 10,30). "O Pai está em mim e eu estou no Pai" (Jo 10,38). Que intimidade de amor! "O Pai ama o Filho e tudo colocou em suas mãos" (Jo 3,35). "O Pai ama o Filho e mostra-lhe tudo o que faz" (Jo 5,20). "É meu Pai que me glorifica (Jo 8,54). "Tudo que é do Pai é meu" (Jo 16,15). O Cristo afirma e reafirma que provoca sua admiração e seu amor para com o Pai, esse Pai que lhe dá tudo e nunca deixa de ser dele: "Eu não estou só; o Pai está comigo" (Jo 16,32).

A esse amor transbordante do Pai o Cristo responde com um amor igual, que é o impulso de gratidão alegre e de vontade de realizar a obra do Pai. Uma palavra brota espontaneamente dos lábios do Cristo, revelando-nos seu coração: "Pai, dou graças porque me ouviste". Podemos bem pensar que esse grito de gratidão é a base de sua oração quando ele se retira para orar por noites inteiras (Lc 6,12), para mergulhar na intimidade de seu Pai com quem, no entanto, vive sempre (Jo 10,38).

Esse amor filial desperta nele a paixão pela obra do Pai. Essa paixão que já se manifesta em sua infância, quando fica no templo entre os doutores, "para se ocupar com as coisas do Pai" (Lc 2,49). Ela será o motor de sua vida pública: "Meu alimento é fazer a vontade daquele que me enviou e realizar sua obra" (Jo 4,34). "É preciso que o mundo saiba que eu amo o Pai e faço como o Pai me ordenou" (Jo 14,31). Essa paixão de amor haverá de levá-lo finalmente à sua paixão: "Não hei de beber o cálice que o Pai me deu?" (Jo 18,11). Ela inspira sua prece no momento da agonia: "*Abba!* (Pai) todas as coisas vos são possíveis; afastai de mim este cálice, mas não aconteça como eu quero, mas como vós quereis" (Mc 14,36). E quando está consumada toda a obra do Pai (Jo 19,10), Jesus volta para ele (Jo 16,28) "Pai em tuas mãos entrego meu espírito" (Lc 23,46).

Somos chamados para viver no Cristo essa relação filial de amor ao Pai. Pois nele tornamo-nos filhos de Deus (veja 1Jo 3,1) pela fé e pelo batismo. Nossa convicção profundamente enraizada deve ser pois: o Pai nos ama. É o que afirma São João: "Deus nos amou por primeiro" (1Jo 4,19). Seu amor é que nos criou e nos faz existir. É seu amor que, em seu Filho, torna-nos "participantes de sua natureza divina" (2Pd 1,4). É o amor do Pai que nos faz crescer, nos perdoa (Lc 15,20), que nos dá tantas "coisas boas" (Mt 7,9-11), que nos dá o dom por excelência que é o Espírito Santo (Lc 11,13). Sua ternura para conosco é como a de uma mãe, como o lembra o profeta Isaías: "Como a mãe consola uma criança, assim eu vos consolarei" (Is 66,13; veja 49,15). Esse amor do Pai que se oferece exige de nós uma livre resposta de amor.

A oração permite-nos crescer no amor filial do Pai ou, melhor, permite-nos deixar que o Filho ame em nós seu Pai. Dá-nos um conhecimento sempre mais vivo do amor do Pai. Um conhecimento de fé aprofundada por uma oração teologal. E o Pai transforma-nos pouco a pouco pelo Cristo e pelo Espírito, "suas duas mãos", leva-nos a reagir sempre diante de seu amor com uma resposta de amor filial – e a trabalhar em sua obra com todas as nossas forças, "para a glória de Deus e a salvação do mundo".

Padre Caffarel jamais deixa de lembrar aos casais que sua vida familiar é uma parábola viva, que lhes permite aprofundar sua percepção da realidade espiritual.

Casais, vocês têm pouco tempo para estudar e aprofundar sua fé [...]. Vocês esquecem que os livros não são os únicos a falar de Deus. Vocês têm em casa uma Bíblia em imagens, se assim posso dizer. E como vocês a folheiam! Estou falando de todas essas realidades familiares que vocês vivem: o amor conjugal, a paternidade, a maternidade, os filhos, a casa... Tudo isso que Deus encontrou de mais claro para se manifestar. [...]

Escutem esse pai de família, um de meus amigos: "Obrigado, meu garoto. Eu o ajudo a aprender as primeiras noções do catecismo, mas você é para mim, a cada instante, palavra viva de Deus. Quando brincando eu o coloco de pé sobre a mesa e lhe digo: "Pule!", você salta rindo alegremente. Você sabe que vou apanhá-lo no ar. Quando você está deitado, já não são seus risos que eu ouço, mas a voz de Deus que me diz: "Sua fé é como a desta criança? Que é que você arrisca, que é que pensa poder arriscar por mim? E no entanto meus braços são muito mais poderosos que os seus!..." (ACA 134-135).

Décimo dia

"FALA, SENHOR, QUE TEU SERVO ESCUTA"

Os Evangelhos, que nos oferecem muitíssimas palavras de Jesus, não nos referem senão três do Pai. Como deveriam ser preciosas para nós! Uma delas é um conselho, o único conselho do Pai a seus filhos. Com que infinita, com que filial deferência devemos recebê-lo, e com que esforço o devemos seguir! Esse conselho, que encerra o segredo de toda a santidade, é muito simples e exprime-se com uma só palavra: "Escutem-no" (Mt 17,5), diz o Pai apontando-nos seu Filho bem-amado.

Fazer oração é pois um grande ato de obediência ao Pai; e fazê-la como Madalena, assentar-nos aos pés do Cristo para ouvir sua palavra ou, melhor, para escutar a ele que nos fala. Com efeito, é a ele, mais do que a suas palavras, que devemos estar atentos.

Segue-se que começar a oração a partir do Evangelho é muito recomendá vel, desde que não o leiamos como quem estuda literatura, mas como alguém que ama e que, portanto, por detrás das palavras ouve bater o coração daquele a quem ama (PD 87-88).

A oração interior é uma relação íntima de amor com Deus. Consiste em um diálogo: Deus me fala, eu o escuto e lhe respondo. Nessa relação Deus é o mais importante: a escuta de sua palavra, pois, é fundamental para a oração e para a vida cristã.

Deus fala aos homens. Ele lhes fala porque os ama e quer estabelecer com cada um deles e com todos uma relação de amor, uma relação de pessoa a pessoa. Fala para se dar a conhecer, para revelar o seu grande projeto de amor, e propor a eles sua aliança. A cada um de nós ele diz: "Meu filho, dê-me seu coração".

Como é que Deus fala? Em primeiro lugar por toda a sua criação. "O que nele há de invisível manifesta-se à inteligência desde a criação do mundo através de suas obras" (Rm 1,20). É por isso que "os céus cantam a glória de Deus" (Sl 19,2). Deus fala-nos ainda por suas intervenções na história do povo que ele formou, que livrou da escravidão "com mão forte e braço estendido" (Dt 4,34). Ele não cessa de intervir para salvar os seus: são "as maravilhas de Deus" tantas vezes evocadas na Bíblia. Fala ainda ao seu povo através dos profetas que repreendem, relembram a Aliança, restauram a esperança. Finalmente Deus fala através de seu Filho: "Deus, que nos antigos tempos tantas vezes já havia falado, e de tantos modos, aos nossos pais, por meio dos profetas, nestes dias que são os últimos, nos falou por meio de seu Filho..." (Hb 1,1). Com isso estamos no coração do mistério de Deus e de sua palavra. O Filho é a palavra.

Na vida trinitária, o Filho é a palavra interior e eterna do Pai, pela qual ele se diz perfeitamente a si mesmo: "No princípio existia a palavra, e a palavra estava com Deus. E a palavra era Deus" (Jo 1,1). No começo, isto é, antes da criação (falando humanamente, pois não pode haver uma antes quando ainda não existe tempo). E essa palavra aparece como criadora do mundo e da história (Jo 1,3), apresenta-se no íntimo do ser humano (Jo 1,9).

Mas isso não bastou para Deus. Enviou-nos seu próprio Filho, sua palavra eterna: "E a palavra fez-se carne e habitou entre nós" (Jo 1,14). O Cristo é a palavra de Deus encarnada, feita um de nós. E toda a sua vida, com seus ensinamentos, seus gestos, sua paixão e morte, é palavra de Deus aos homens. O Cristo é a palavra total, definitiva, insuperável que exprime Deus perfeitamente. A palavra de Deus não é em primeiro lugar um texto; é uma pessoa.

É o que, de maneira incomparável, diz são João da Cruz numa página célebre, que o padre Caffarel gostava de citar: "Quem hoje em dia quisesse interrogar a Deus e obter uma visão ou uma revelação, não somente estaria cometendo uma tolice, mas estaria fazendo a Deus uma grave injúria; porque assim fazendo estaria afastando seus olhos do Cristo, para procurar alguma outra coisa, alguma outra novidade. Deus poderia responder: Eu lhe disse todas as coisas através de minha palavra, que é meu Filho, e nada mais tenho a lhe dizer e nem a lhe revelar. Olhe somente para ele, pois nele coloquei tudo quanto tinha a dizer e a revelar..."

Contudo, essa manifestação da palavra de Deus chega-nos através de um texto: a Bíblia. Ela é palavra de Deus por sua referência a Cristo. Aí encontramos o Cristo preparado, anunciado, vindo para o meio de nós, estabelecendo a nova e eterna aliança entre Deus e nós. Porque a Bíblia está, do começo ao fim, centrada no Cristo e é sustentada pelo Espírito, é uma palavra para hoje, viva como o Cristo ressuscitado com quem ela nos põe em comunicação. "Escutá-la" é o mesmo que acolher o Cristo.

Para captar essa palavra de Deus, eu preciso de um "órgão" receptor: é o "coração novo" do qual nos fala o profeta (veja o quinto dia). Esse "coração novo" somente Deus é que pode criá-lo em nós. Desde que lho peçamos como Salomão: "Dá-me, Senhor, um coração pronto a ouvir" (1Rs 3,9). Desde que nos acheguemos à palavra de Deus com fé, humildade e disponibilidade: "Fala, Senhor, que teu servo escuta" (1Sm 3,10). Como o fazia Maria: "Sou a serva do Senhor, faça-se em mim segundo a sua palavra" (Lc 1,38).

Mas ouvir a palavra não é suficiente. "Feliz, diz o Cristo, aquele que a tendo ouvido, guarda-a" (Lc 1,28), alegra-se e alimenta-se com ela, guarda-a consigo, como Maria o fazia com o Filho que tinha concebido – Filho que era a palavra substancial. Mediante sua mãe, Jesus santificava aqueles que encontrava, fazia exultar de alegria o Batista no seio de Isabel. O mesmo que ele quer fazer através de nós.

Mas isso ainda não é tudo; essa palavra ouvida, guardada, preciso "pô-la em prática" (Tg 1,25). E isso quer dizer que será preciso, ao longo de todo dia, estarmos atentos à sua presença que age em nós, dóceis às suas sugestões e aos seus impulsos. Seu dinamismo é que nos fará multiplicar as boas obras, trabalhar, sofrer, viver, morrer pela vinda do Reino do Pai. E se somos fiéis, grande será nossa alegria, pois Jesus disse: "Para mim, mãe e irmãos são estes que ouvem a palavra de Deus e a põem em prática" (Lc 8,21) (PD 88-89).

Décimo primeiro dia

REAGIR À AÇÃO DE DEUS

Em psicologia e em biologia estuda-se longamente a "reação", assim definida: a resposta de um ser vivo a um estímulo. Perguntou-me por que, em espiritualidade, ocupamo-nos tão pouco dessa noção. No entanto, em certo sentido, temos de dizer que a vida espiritual – e principalmente a vida de oração – é uma reação do homem diante de Deus. Adoração, oferta, louvor, temor, ação de graças, consagração, todas as atitudes religiosas fundamentais do homem em oração não se compreendem a não ser a partir desse ponto de vista (PD 76).

Essas "reações" são reações de fé: surgem no fundo de nosso ser, em nosso "coração", no momento da oração, sem dúvida, mas também ao longo de toda a nossa existência. Com o passar do tempo, tornam-se atitudes espirituais, espontâneas e permanentes. Adaptam-se às atitudes do próprio Cristo, atitudes que ele nos recomendou e das quais nos deu o exemplo, atitudes que ele vive eternamente e às quais ele nos associa. Com o Cristo, tornamo-nos seres de adoração, de ação de graças, de louvor, de súplica, de intercessão...

Diante da grandeza de Deus surge a adoração. É um ato religioso por excelência e consequentemente a atitude fundamental para a oração. Ela é o objeto do primeiro mandamento: "Adorarás ao Senhor teu Deus e a ele só prestarás adoração" (Dt 6,13). Vemos como todos os grandes orantes da Bíblia prosternam-se com o rosto em terra (Gn 18,2; Êx 34,8). O Cristo vem e anuncia: "Está chegando o tempo, e até já chegou, em que os verdadeiros adoradores adorarão o Pai em espírito e em verdade; tais adoradores é que o Pai deseja. Deus é espírito. É preciso, pois, que seus adoradores o adorem em espírito e em verdade" (Jo 4,23-24). Ele próprio é o adorador perfeito. Seguindo suas pegadas é que nós nos tornamos também adoradores. Nós nos unimos à grande adoração ininterrupta que "do oriente ao ocidente" se eleva de todos os filhos de Deus em direção ao Pai, em união com a adoração do Filho primogênito.

Mas o Altíssimo é também aquele que está mais próximo de nós, o onipotente é também "Nosso Pai". A adoração é acompanhada de amor filial – o amor do próprio Filho único para com seu Pai, que o Espírito nos comunica: "*Abba!* Pai muito amado!" (Rm 8,15; Gl 4,6; veja o nono dia). Uma das características dessa atitude filial é a ação de graças. No que o Cristo nos deixa entrever de sua oração, encontramos esse impulso em direção ao Pai: "Pai, eu te agradeço..." (Jo 11,41). Sua ação de graças Cristo continua a celebrar na sua Igreja, na santa missa (Eucaristia significa ação de graças). Ele a implanta e a desenvolve em nós pela comunhão eucarística que não se torna plenamente atuante senão na alma trabalhada e fecundada pela oração. Damos graças por essas maravilhas de Deus em favor de seu povo e em nosso favor.

O louvor brota espontaneamente de um coração fiel, à vista da grandeza de Deus e de suas perfeições. Esse é um dos temas mais frequentes nos salmos: "Senhor nosso Deus, como é grande o teu nome em todo o universo" (Sl 8,2...). Oração sem interrupção: "Bendirei o Senhor em todo o tempo, seu louvor estará sempre em minha boca" (Sl 34,2). Oração comunitária, para a qual são convocados todos os povos e até mesmo a criação toda. Os cristãos têm uma vocação para o louvor: eles constituem "o povo que Deus conquistou para si para louvor de sua glória" (Ef 1,14).

Uma vez que Deus é nosso Pai, temos a ousadia de nos aproximar dele com ternura e confiança filial para expor-lhe nossas necessidades. Com tanto maior ousadia porque nós lhe pedimos "em nome do Cristo" (Jo 14,13) e o próprio Cristo está orando por nós (veja Jo 14,16). Nós lhe pedimos os bens materiais – nosso pão cotidiano – mas principalmente os bens espirituais e esse dom por excelência que é o Espírito Santo (veja Lc 11,13). Nós o fazemos com a segurança filial de sermos atendidos: "Façam seus pedidos a Deus e ele os atenderá; buscando, vocês acharão; batam à porta de Deus, que ele abre. Pois todo aquele que pede, recebe; quem procura, acha; e ao que bate, abre-se a porta" (Mt 7,7-8).

Mas não pedimos somente por nós. Diante da miséria, mais moral que material, da humanidade, somos convocados a implorar a misericórdia de Deus. Assim faziam os grandes orantes do Antigo Testamento. Lembremos como Abraão intercedeu por Sodoma e Gomorra (Gn 18), como Moisés pedia por seu povo (Êx 32,11-14; Nm 11,10-15;13,10-19...), como os profetas suplicavam... Temos de nos unir principalmente à intercessão do Cristo que, no céu, não cessa de defender a nossa causa (veja Hb 7,25).

É por isso que o padre Caffarel dava este conselho à mãe de família:

Não há motivo para se inquietar quando, terminada sua oração, você percebe que não pediu explicitamente nem por seu marido nem por seus filhos. Ocupar- se com Deus jamais significa esquecer os nossos; o que damos a Deus nunca é tirado dos outros. [...] Quando você está mais perto de Deus, eles também estão mais perto dele. O pequeno "Corpo místico" que é sua família procura a Deus e canta seu louvor quando você está orando, vai beber na Fonte sempre que você faz oração.

Se você compreende o que estou dizendo, é sinal que está perto de chegar a um mistério mais alto, o mistério da oração do Cristo. Assim como o Pai sabe encontrar na sua alma todos aqueles que você ama, assim também ele vê, no coração imenso de seu Filho em oração, todos os homens pelos quais o Filho entregou sua vida. [...]

Se a oração de uma mãe é a grande ajuda para os filhos, quanto mais a oração de Jesus Cristo é nossa riqueza incomparável... Como seria grande nossa segurança se acreditássemos de fato que o Cristo glorioso, à direita do Pai, intercede por nós sem descanso (Hb 7,25)*!* (PD 98-99).

Afinal somos pecadores e sabemos muito bem que a intimidade de amor com o Deus três vezes santo exige purificação e arrependimento: "Perdoai as nossas ofensas"... Essa atitude de arrependimento permite a Deus fazer-nos santos como ele.

No fundo, todas essas grandes atitudes espirituais são facetas do amor: nascem dele e nele crescem.

Décimo segundo dia

ORAR COMO IGREJA

Se queremos orar, é preciso ir à casa de Deus, é preciso entrar na Igreja, isto é, retomar a consciência de nossa pertença à Igreja. Quem se isola jamais encontrará a Deus, pois é na Igreja, corpo místico de seu Filho, que ele nos espera. [...] Temo que vocês sejam tentados por certo individualismo espiritual. E que aí esteja a explicação de seus desânimos. Orem pois na Igreja, espiritualmente unidos a todos os seus irmãos (PD 141-142).

O cristão jamais se apresenta sozinho diante de Deus. O Cristo apoderou-se dele e o fez membro de seu corpo que é a Igreja. Existe uma interdependência entre os membros e o corpo. Esta é sua grande lei: um por todos, todos por um, juntos por Deus. É a vida do próprio Cristo que circula na Igreja, anima cada um de seus membros, constituindo a "comunhão dos santos". E viver pelo Cristo é orar. Ele ora na e através da Igreja, e portanto em e através de cada um dos cristãos, e sua oração encontra sua expressão mais alta na eucaristia.

A Igreja é o corpo de Cristo. Nela circula a vida de Cristo. Nela ressoa a oração de Cristo. A Igreja ora com todos os cristãos: ela os assume em su oração, saibam eles ou não. Ora também por todos os seus membros: ela os leva consigo em sua perpétua intercessão. A Igreja mostra-se pois, na expressão de Sto. Agostinho, como "uma só pessoa que se expande sobre a face de toda a terra", como o Cristo total que faz subir ao céu uma oração única.

Porque está unido ao Cristo, o cristão que ora está unido a seu corpo. Tenha ele consciência disso ou não, sua oração é uma oração de Igreja; é oração de toda a comunidade. Ele ora na Igreja, com ela, por ela, em seu nome e em seu favor.

O cristão ora *na* Igreja, em união com todos os seus membros. Não é solitário, mas solidário com todos.

Ele ora *com* a Igreja: não apenas com a da terra mas também com a do céu. E de certa maneira ele tem a sua disposição a oração de toda a Igreja: nos tempos de aridez, esse pensamento o conforta, como conforta a ideia que outros se apoiam sobre a oração que ele mesmo está fazendo.

O cristão ora *através* da Igreja: confia sua oração à Igreja para que ela a dirija, leve e apresente a Deus junto com a sua. Passa pela Esposa para tocar o coração do Esposo.

Ora *em nome* da Igreja: ele que é um elo dessa imensa cadeia de oração que percorre os séculos. Ele encarna num momento do tempo e do espaço a oração permanente da Igreja – a oração comunitária: "Pai *nosso*... dai-*nos*...". Ele é como um delegado da Igreja. Tem uma tarefa a ser executada.

Finalmente o cristão ora *pela* Igreja – por todo o Corpo e cada um de seus membros. Ora, sim, por esta ou aquela pessoa em particular, mas ao mesmo tempo ele tem "o cuidado por todas as Igrejas" (2Cor 11,28) e por todos os seus irmãos. É bom, de tempo em tempo, tornar explícita essa oração ampla como o mundo: alguns gostam mesmo de fazer oração diante de um mapa-múndi, ou diante de fotos que lembram algum momento da miséria de algum povo...

Quanto dó merece quem não tem uma família da qual possa pensar: "Eles pelo menos oram todos por mim!" É a mais desesperadora das solidões. Mas, para dizer a verdade, não existe um só cristão que conheça semelhante desgraça. A Igreja é tão uma família que ora por todos os filhos de Deus. Não existe ninguém excluído de seu pensamento e de sua solicitude. E quando digo Igreja, estou pensando ao mesmo tempo na do céu e na da terra. Que erro não contar senão com nossa oração pessoal, esquecendo a de nossa família.

Talvez você diga: você está atribuindo à Igreja o papel que compete ao Cristo. Preciso de alguma outra oração que não seja a dele? Você tem razão; o Cristo é o grande intercessor. [...] Sua intercessão é suficiente. E somente sua oração é ouvida pelo Pai. Mas que vem a ser a oração da Igreja se não a oração de Jesus Cristo? Você acredita em S. Paulo que declara: "Já não sou eu quem vive, é o Cristo que vive em mim"; por que não haveria você de pensar: é Jesus Cristo que ora em Paulo, em Pedro, em todos os meus irmãos quando eles intercedem por mim [...]

É a fé na comunhão dos santos: cada um à disposição de todos, cada um tendo todos à sua disposição (PD 144-145).

A oração da Igreja atinge sua plenitude na eucaristia. Assim também nossa oração está orientada para a eucaristia. A eucaristia é Jesus Cristo associando todo o seu Corpo a sua oração suprema que – na Ceia e na Cruz – foi a oferta de si mesmo ao Pai por amor. Cada eucaristia atualiza esse sacrifício do Cristo, associando a ele os membros de seu Corpo. Nela toda a nossa vida torna-se oferenda ao Pai em união com o Cristo e com todos os seus membros... É por isso que nossa oração está orientada para a eucaristia: prepara-a e a prolonga. A oração estimula em nós o amor que se quer oferecer: mantém a disposição essencial para nos aproximar da eucaristia. E, depois de termos recebido o Cristo pela comunhão, a oração faz-nos penetrar profundamente na perpétua "ação de graças" do Filho, totalmente voltado para o Pai. Nossa oração permite que o Cristo faça frutificar em nós a graça da comunhão – e que seu Espírito tome posse cada vez mais de nossos "corações" para fazer de nós "hóstias de louvor" para a glória do Pai.

O que é verdade em se falando do indivíduo aplica-se também ao lar. O padre Caffarel lembra-o aos esposos:

Para que esse sacrifício de Cristo torne-se também o sacrifício de vocês, não basta que vocês ofereçam o corpo e o sangue dele. A oferta de uma substitui o dom do coração e da vida; apenas o supõe. Da mesma maneira, a oferta do corpo e do sangue de Cristo exige que vocês também se doem interiormente. O dom de cada um de vocês, sem dúvida, mas também o dom de sua pequena comunidade conjugal. Esse dom tem muitos aspectos [...]: vocês se devem oferecer mutuamente a Deus, devem oferecer seus filhos e tudo que constitui sua vida (MRD 249-250).

Décimo terceiro dia

ESSE LONGO CAMINHO

É bom desejar avidamente a união com Deus, mas o caminho é longo, ou melhor, a senda é escarpada: é preciso enfrentá-la com passos calmos, respiração regular de quem pretende subir alto. Paciência, paciência, meu caro Francisco, e não esqueça o que nos ensina a etimologia da palavra: do latim pati, que significa sofrer, suportar. Se você está decidido a suportar, a afrontar o deserto e a noite, então tenha confiança. Mas reafirme muitas vezes a sua decisão; frequentemente estará ameaçada, de maneira especial nos momentos de oração. Antigos autores espirituais, falando das provações da oração, usam uma expressão muito forte: é preciso sofrer Deus, recomendam- nos, aceitar o longo, implacável, engenhoso, perseverante trabalho do Espírito Santo em nós que pouco a pouco faz morrer o "velho homem" tenaz e sempre vivo, para que surja o "homem novo" livre de todas as escórias, como o metal faiscante ao sair da fornalha (PD 75).

O Espírito Santo está presente e atuante em nós. Se nos entregamos a sua direção pela oração, iremos caminhar para uma experiência de sua presença que é um "despertar do coração". Pois é, de fato, nas profundezas de nós mesmos, no "coração" – como vimos no quinto dia – que habita e age o Espírito Santo. Nesse território íntimo podemos encontrá-lo e conhecê-lo segundo a promessa do Cristo: "Eu rogarei ao Pai e ele lhes dará outro Paráclito (defensor, protetor, apoio), para ficar sempre com vocês. É o Espírito da verdade, que o mundo não pode receber, porque não o vê nem o conhece. Mas vocês o conhecem, porque ele está com vocês e estará em vocês" (Jo 14,16-17). E um dia qualquer, por graça de Deus, podemos perceber essa presença. Essa foi a experiência de muitos santos; pode ser também a nossa. Uma oração fiel e perseverante pode ajudar-nos a chegar até lá – se Deus quiser.

Sobre esse assunto, poderíamos trazer muitos outros textos de místicos cristãos. Mas talvez eles acabassem nos metendo medo, porque nos sentimos muito longe de sua capacidade de renúncia e de sua generosidade. Aqui está um testemunho contemporâneo, referido pelo padre Loew e que é usado também pelo padre Caffarel; trata-se de uma brasileira que vive pobremente numa favela com seus nove filhos: "Quando oro e digo as orações com as palavras que aprendi, sinto que isso não basta. Então falo a Deus com minhas próprias palavras, mas percebo que também isso não é suficiente. Então eu oro com meu coração e sinto que nem isso é suficiente... E então eu oro pelo silêncio". Nesse apaziguamento de todo o nosso ser está a tomada de consciência que o Espírito Santo desperta, no mais profundo de nós mesmos, da oração filial do Cristo a seu Pai.

Esse encontro íntimo com Deus não muda fundamentalmente a vida cristã. Ela continua uma vida teologal, uma vida na fé, na caridade e na esperança. O encontro com Deus está a serviço dessa vida teologal à qual Ele dá uma força e um dinamismo prodigiosos. Para retomar uma imagem empregada pelos místicos, podemos dizer que já não estamos avançando penosamente à força de remos, mas avançamos maravilhosamente levados pelo sopro do Espírito Santo que enfuna nossas velas. Nossa vida abre-se mais largamente para Deus e para os outros. Tem sua atividade decuplicada, e assim cooperamos poderosamente com a obra de Deus.

Os autores espirituais assinalaram as etapas dessa marcha para a união íntima com Deus, para esse "despertar do coração". Ela traz consigo particularmente momentos de vazio, de securas, de travessias de deserto, de "noites". Esses momentos de provação podem ter outras causas que não a ação divina: por exemplo, o cansaço nervoso, uma infidelidade mais ou menos grave contra Deus... Mas, venham de nós ou de Deus, esses momentos operam a purificação do "coração" necessária para entrarmos na intimidade da Santíssima Trindade. Desde que mais do que nunca perseveremos na oração interior, desde que nos exercitemos na fé, na caridade e na esperança, desde que permaneçamos em nossa adesão às grandes atitudes de Cristo. E quem sabe, um dia, quando Deus quiser, poderemos até mesmo chegar à luz da contemplação.

O padre Caffarel não tinha medo de apresentar os cumes da vida mística aos que estavam dando seus primeiros passos. Achava que estaríamos afastando da religião os jovens mais ardorosos, se a reduzíssemos a simples explicações racionais e a uma moral da ação: *Essa procura gulosa pelas religiões da Índia, que vemos em certos jovens e em certos escritores célebres, o sucesso das seitas, o incrível prestígio que encontra em Paris um mago vindo do Oriente, muitas vezes não têm outra explicação senão o descrédito da vida mística da parte de tantos padres e católicos* (PD 213).

E respondia a objeção de seu correspondente: *Você vai dizer-me: "A mística é a consagração da santidade; que adianta falar dela a quem está caminhando penosamente nas trilhas da planície?" Não, a experiência mística não está reservada aos santos. Nós a encontramos, pelo menos sob a forma de graças transitórias, na origem de muitas conversões, e na vida de cristãos ainda pouco avançados no caminho da santidade. Mas concordo, os cumes da experiência mística não se encontram senão na vida de seres espiritualmente evoluídos: esses vivem com Deus, de Deus, em*

Deus. [...] O cristão que está apenas começando sem dúvida está longe dessa experiência mas, às vezes, o Senhor faz que ele possa entrever esses picos para estimulá-lo a desejar e a procurar a união com Deus, o objetivo de toda a vida cristã (PD 213).

E concluía: *Eu constato, com efeito, que a vida cristã daqueles que se entregam à moção do Espírito de Deus tem muito mais impulso! Ali vemos uma alegria da alma, mesmo nas provações, uma perseverança na subida para Deus, mesmo se às vezes desfalecem no caminho, e uma força e uma eficácia excepcionais na ação* (PD 215).

Décimo quarto dia

"OREM SEM CESSAR"

É bem verdade que deverá chegar o dia quando – não digo que já não seja necessário consagrar um tempo determinado à oração – mas quando essa adesão íntima à oração do Espírito de Cristo será em nós uma realidade sempre atual, viva e ininterrupta. Nossas ocupações já não a perturbarão. O impulso do Espírito haverá de nos levar e animar, quer estejamos a caminhar, ou a trabalhar, ou a falar. Ou até mesmo a dormir: "Eu durmo mas meu coração está desperto", exclama a esposa do Cântico dos Cânticos. Essa é a oração contínua que o Cristo recomenda a seus discípulos: "É preciso orar sempre" (Lc 18,1); recomendação que Paulo transmitia aos tessalonicenses: "Vivam sempre alegres. Orem continuamente. Em todas as ocasiões, deem graças a Deus" (1Ts 5,16-18) (PD 111).

Morar na oração. Viver na oração. Acolher a oração como um rio subterrâneo, cujo murmúrio aflora sempre a nossa consciência. Não poderemos chegar a isso por nossas próprias forças. A oração contínua é um dom gratuito do Senhor. Mas podemos desejá-la e pedi-la. E principalmente podemos preparar-lhe o terreno. Como? Exercitando-nos na oração frequente.

Para isso é preciso pensar em Deus durante nosso dia. Ou, segundo a expressão dos salmos, é preciso "lembrar-nos de Deus". Quando amamos alguém, nosso pensamento voa muitas vezes para essa pessoa. Lembramos o último encontro. Esperamos o seguinte. Repassamos uma a uma as perfeições desse ente amado. Procuramos o que lhe poderia dar prazer... Perguntem aos namorados...

Melhor ainda do que apenas pensar em Deus é falar com ele. Nessa altura, ele já não é para nós apenas um "ele", mas tornou-se um "tu", com quem entramos em relação pessoal. A pessoa amada, da qual falamos um pouco antes, pode estar ausente. Deus está sempre presente em nós, "mais íntimo de nós do que nós mesmos", como diz Sto. Agostinho. Basta entrar em nós mesmos com fé para o encontrar. E também para nos fazer sempre atentos à sua presença, para falar de nossos sentimentos por ele, de seus planos para o mundo, de sua vontade sobre nós. E como nosso Deus é um Deus vivo em três Pessoas, podemos dirigir-nos já ao Pai, já ao Filho, já ao Espírito Santo.

O padre Caffarel lembra-nos esse conselho de um vigário a um jovem que queria aprender a orar: *"Verdade? Você quer aprender a orar? Pois bem, Francisco, vá até a capela e lá fale com ele". E comentava: O conselho do vigário era simplório apenas na aparência. Para dizer a verdade ele se revelava como experiente homem de oração que, em vez de longo discurso, preferira responder ao jovem com apenas três palavras: Fale com ele. Ninguém conversa com uma sombra. É preciso pois tomar consciência da presença de Deus para lhe falar. E para saber o que lhe dizer, é preciso que a fé desperte e procure. E a obrigação de formular palavras leva-nos a não nos contentar com impressões inconsistentes, obriga-nos a exprimir pensamentos, vontades, sentimentos precisos. De fato são grandes as vantagens desse método – se é que podemos chamar de método um conselho tão simples* (PD 14).

O meio concreto de falar com Deus é utilizar a palavra do próprio Deus. Encontramos na Bíblia o suficiente para formar uma reserva de invocações que nos podem servir de "boias", que nos mantenham na intimidade com Deus, acima de nossas preocupações diárias. Podemos guardar frases assim: "Senhor nosso Deus, como é grande o teu nome em todo o universo" (Sl 8,2); "Minha alma tem sede de ti, meu Deus" (Sl 42,2); "O Senhor fez por mim maravilhas, santo é seu nome" (Lc 1,42) etc. Podemos também cantar essas fórmulas interiormente, ou até mesmo em voz alta quando estamos sós.

Temos outro meio: são os "mergulhos" frequentes em nós mesmos para nos aproximar de Deus que ali habita. *Um humilde irmão converso do século dezessete, Lourenço da Ressurreição, que tinha chegado a uma altíssima espiritualidade, gostava de dizer àqueles que o vinham consultar, que não existe meio mais eficaz para chegar com segurança a uma vida de oração contínua e depois a uma alta santidade, do que ser fiel a essa prática. Escute suas palavras: "Durante nosso trabalho e outras ações, mesmo quando estamos lendo ou escrevendo, mesmo que essas sejam ações espirituais, e até mesmo durante nossas devoções exteriores e orações vocais, durante breves momentos, o mais frequentemente possível, devemos parar para adorar a Deus no fundo do nosso coração, e saboreá-lo ainda que de passagem e como que furtivamente* (PD 13).

Pode ajudar-nos também uma prática muito conhecida no oriente cristão: "a oração de Jesus". É uma invocação centrada no nome de Jesus e que geralmente consiste nestas palavras: "Senhor Jesus Cristo, Filho de Deus Salvador – tem piedade de mim, pecador". Essa fórmula pode ser abreviada em "Senhor Jesus – tem piedade de mim". Os mestres espirituais do oriente insistem na sua repetição incansável. E até mesmo seguindo o ritmo de nossa respiração. Aspirando devemos dizer: "Senhor Jesus"; e expirando: "Tem piedade de mim". Assim estaremos associando nosso corpo à oração, que se tornará tão natural como a respiração. Sua eficácia espiritual está na invocação do nome de Jesus. Para os orientais – mais próximos do que nós da tradição bíblica – o nome não é uma simples etiqueta colocada sobre o indivíduo, mas é a própria pessoa. Jesus, em hebraico, significa: "Deus salva". Invocando o nome de Jesus, estamos chamando pelo próprio Jesus com todo o seu poder de salvação: "Não existe sob o céu outro nome dado aos homens pelo qual devamos ser salvos" (At 4,12).

Dedicando-nos esforçadamente à oração frequente ao longo de nossos dias, quem sabe chegaremos um dia, pela graça de Deus, à oração contínua. *Para aqueles que chegam a essa oração interior e contínua, a oração do Espírito Santo não é uma simples brasa sob a cinza, mas uma chama que toma conta de todo o ser. Um santo é uma oração viva* (PD 112).

Décimo quinto dia

"Ó BEM-AVENTURADA
TRINDADE"

Nosso lugar, nossa pátria, para nós batizados, é a comunidade trinitária. Lá, no Filho e com o Filho, na Igreja e com a Igreja, estamos totalmente abertos, totalmente acolhedores diante da efusão do amor do Pai, que faz de cada um de nós, no sentido forte da palavra, um filho seu. No Filho, com o Filho, estamos prontos a lançar-nos em direção ao Pai, num imenso impulso de gratidão alegre. Com o Pai e o Filho exultamos de alegria em seu comum amor, que é o Espírito Santo. [...] Tal é o mistério profundo da vida da Igreja, e portanto da vida cristã de cada um. "Por Jesus Cristo, nosso Senhor, com ele e nele, a ti Deus Pai Todo-poderoso, na unidade do Espírito Santo, toda a honra e toda a glória pelos séculos dos séculos" (AO 138,443-444).

Nossa relação com Deus na oração é à imagem da relação eterna do Filho com seu Pai no Espírito Santo. Por isso nosso itinerário termina na contemplação da Trindade. Sigamos o padre Caffarel em sua meditação sobre esse grande mistério. *O cristão que não sabe pensar nesse mistério e contemplá-lo, que não vive desse mistério, não pode pretender ser verdadeiramente cristão. O verdadeiro discípulo de Jesus Cristo esforça-se por conhecer sempre melhor o mistério primordial, para a ele aderir, amá-lo e viver dele, e fazê-lo conhecido* (AO 138,433-434).

O Deus trinitário ao mesmo tempo é para nós mistério e luz. Por isso vamos em sua direção e com duas atitudes interiores complementares: o desejo de o conhecer e a humildade de quem sabe que a realidade divina supera infinitamente tudo o que dela podemos dizer. Ainda que possamos ter alguns pontos de contato a partir dessas realidades humanas que nos são familiares: o amor conjugal, a paternidade, a filiação. Pois o amor humano é como uma parábola do amor divino (veja Gn 1,27-28).

A grande revelação trazida pelo Cristo é que "Deus é Amor" (1Jo 4,16) e que ele é Pai. O Deus em cuja direção nos voltamos na oração é amor.

Mas ele tem esse rosto particular do amor que é o amor paterno: daquele que faz existir, que chama para a vida. Se Deus ama, é levado por seu amor a doar-se. Mas a quem pode ele fazer esse dom, uma vez que fora dele não existe nenhum ser? Ao Filho que ele gera desde toda a eternidade. E é gerando seu Filho que ele é Pai: fonte que jorra eternamente. Como ama perfeitamente, é perfeitamente Pai. Como ama eternamente, eternamente é Pai. A esse Filho ele doou tudo, com uma generosidade sem limite. Toda a generosidade sobre a terra, em primeiro lugar a paternidade humana, é uma imagem sua.

Mas se a paternidade humana, refletindo a paternidade divina, no-la faz pressentir, não é menos verdade que a paternidade divina transcende infinitamente a paternidade humana. O ato pelo qual o Pai gera seu Filho é um ato eterno [...]. Enquanto que o homem se cansa de amar, de doar-se e não se doa senão parcialmente, Deus faz a seu Filho um dom sem interrupção e sem reserva. Mistério que não podemos senão adorar em silêncio.

E o padre Caffarel resume em uma fórmula breve essa primeira face do amor de Deus: *amar é dar-se – sem reserva, sem interrupção – num impulso de alegre generosidade* (AO 138,436-437).

Da fonte o rio recebe todo o seu ser: o Filho de Deus recebe todo o seu ser do Pai. Ele é "o esplendor da glória do Pai" (Hb 1,3). Por isso sua atitude fundamental é de acolhida. *Acolhida do dom do Pai. O Filho de Deus está eternamente aberto, pronto a receber o dom do Pai eterno*. Por seu lado, ele é eterno dom para o Pai, num impulso de encantamento, de gratidão, de ação de graças. *Esse dom do Filho ao Pai, sempre a jorrar, é também sem reserva e sem interrupção. É portanto eternamente jovem e eternamente alegre*. Assim o Filho responde ao amor do Pai por um amor total. O Filho bem-amado é o Filho que ama totalmente. É o reconhecimento em pessoa, é a ação de graças (em grego: eucaristia). Quando vivia na terra, sua oração começava frequentemente com estas palavras: "Pai, eu te agradeço..." (Jo 11,41). A segunda face do amor de Deus resume-se numa fórmula quase idêntica à anterior: a gratidão do Filho é uma resposta à generosidade do Pai. *"Amar é dar-se – num impulso de gratidão alegre"* (AO 138,438).

Depois do amor do Pai pelo Filho e do amor do Filho pelo Pai, contemplamos seu amor mútuo. Uma comparação pode esclarecer-nos: o amor entre os esposos é ao mesmo tempo, em cada um deles, dom e acolhida. Mas é também essa realidade misteriosa que une a ambos e que se irradia de sua união: seu amor, sua comunhão de amor. Os esposos dizem espontaneamente: "nosso amor". Em Deus, o Pai e o Filho amam-se, doam-se um ao outro e assim surge o Espírito Santo. O que os esposos não podem dizer, o Pai e o Filho podem dizer: nosso amor é Alguém, uma terceira Pessoa. Pai e Filho encantam-se diante do Espírito Santo, no qual resplandece seu amor, que é seu amor, no qual eles são um. *E essa é a terceira face do amor em Deus, que temos de evocar apenas por uma fórmula muito imperfeita: "Amar é dar-se um ao outro para se dar juntos"* (AO 439).

As três Pessoas divinas têm tudo em comum. Entre elas existe comunicação incessante e contínua permuta de amor. Uma mesma vida. Uma mesma alegria. A perfeita unidade na perfeita distinção das Pessoas. A grande revelação trazida por

Jesus Cristo: "Deus é amor" (1Jo 4,16) torna-se clara: o Deus vivo é comunidade de amor. Amor que se quer expandir e dar, e que cria seres capazes de o acolher.

Convidados pelo amor trinitário, temos de dar testemunho em seu favor. *A Igreja toda e cada um de nós deve ser testemunha do amor do Pai e do Filho, e isso para que os homens nossos irmãos compreendam essa boa nova: que eles são também convidados do amor do Pai e do Filho e da sua eterna alegria* (AO138,444).

Podemos dizer e redizer a alegre exclamação da liturgia: *Ó Beata Trinitas!* Ó Bem-aventurada Trindade!

COMO CONCLUSÃO ORANTE

Tu, que habitas no fundo de meu coração,
permite-me chegar a ti,
no fundo de meu coração.

Tu, que habitas no fundo de meu coração,
eu te adoro, meu Deus,
no fundo de meu coração.

Tu, que habitas no fundo de meu coração,
louvado sejas tu, Senhor,
no fundo de meu coração.

Tu, que habitas no fundo de meu coração,
eu me ofereço a ti,
no fundo de meu coração.

Tu, que habitas no fundo de meu coração,
guarda-me de todo o mal,
no fundo de meu coração.

Tu, que habitas no fundo de meu coração,
que a tua alegria jorre,
no fundo de meu coração.

Tu, que habitas no fundo de meu coração,
faze-me viver de ti,
no fundo de meu coração.

Tu, que habitas no fundo de meu coração,
quero o que tu queres,
no fundo de meu coração.

Tu, que habitas no fundo de meu coração,
junta o universo todo,
no fundo de meu coração.

Tu, que habitas no fundo de meu coração,
glorifica teu santo nome,
no fundo de meu coração.

Henri Caffarel
Dieu, ce nom le plus trahi, p. 203-204.

INDICAÇÕES BIBLIOGRÁFICAS

As obras do padre Caffarel estão esgotadas. Já não existe a editora "Les Éditions du Feu Nouveau", criada por ele, e que publicou todos os seus livros. Os detentores de seus direitos autorais, porém, resolveram reeditar aos poucos suas obras. Assim *Présence à Dieu - Cent lettres sur la prière* já se encontra novamente à venda. Vem indicado no início de nossa lista, e dele procuramos extrair a maioria de nossas citações. Foi também reeditado *Aux carrefours de l'amour.*

Quanto às outras obras, indicamos apenas a data de sua publicação. A sigla que acompanha algumas tem por finalidade facilitar a referência para os textos citados neste livro.

Obras do padre Henri Caffarel

Présence à Dieu. Cent lettres sur la prière (PD), Éditions Parole et Silence, 2000 (*Presença de Deus – Cem cartas sobre a oração*, Ed. Loyola, 1977).

Aux carrefours de l'amour (ACA), prefácio de Xavier Lacroix, Éditions Parole et Silence, 2001 (*Nas encruzilhadas do amor*. Ed. Santuário, 2003).

Propos sur l'amour et la grace (PAG), 1954 (*O amor e a graça*, Ed. Flamboyant, 19622).

L'Amour plus fort que la mort, com A.- M. Carré, L. Lochet, A.-M. Roguet, 1958.

Th. R. Kelly, *Mon expérience de Dieu*, introdução de Henri Caffarel, 1970.

Amour, qui es-tu? Grandes pages sur l'amour d'écrivains contemporains présentées par Henri Caffarel, 1971.

Nouvelles lettres sur la prière (NLP), 1975 (*Novas cartas sobre a oração*, Ed. Loyola, 1982).

Le Renouveau charismatique interpellé, études *et documents* (com J.R. Bouchet), 1976.

Cinq soirées sur la prière intérieure (5S), 1980. (*Cinco encontros sobre a oração*, Ed. Loyola,1991).

Camille C. ou l'emprise de Dieu, 1982.

Prends chez toi Marie, ton épouse, 1983. (*Receba Maria como tua esposa*, Ed. Santuário, 2009).

Dieu, ce nom Ie plus trahi, 1987.

Les Équipes Notre-Dame, Essor e tmission des couples chrétiens, Équipes Notre-Dame, 1988.

A missão do casal Cristão. Surgimento e caminhada das Equipes de Nossa Senhora, Ed. Loyola, 1990.

Para conhecer mais o padre Henri Caffarel temos a biografia escrita por Jean Allemand: *Henri Caffarel. Un homme saisi par Dieu,* Équipes Notre-Dame, 1997. (Edição em português: *Henri Caffarel, um homem arrebatado por Deus,* Equipes de Nossa Senhora, Brasil).

Devemos também indicar as revistas que padre Caffarel lançou e inspirou até o fim: *L'Anneau d'Or* (1945-1968) e os *Cahiers sur l'oraison* (1957-1989). Dois números especiais do *L'Anneau d'Or* traziam suas palestras sobre o amor e o casamento: *Le Mariage, ce grand sacrament* (maio-agosto de 1963) (MGS) e *Le Mariage, route vers Dieu* (maio-agosto de 1964) (MRD).

ÍNDICE

Abreviaturas 5

Henri Caffarel – 1903 – 1996 7

Limiar 13

1. "Sejam santos..." 15
2. O casamento, caminho para Deus 21
3. A oração do lar 27
4. A oração interior 33
5. O "coração novo" 39
6. "Quero o que queres" 45
7. O Cristo ora em mim 51
8. "Vinde, Espírito Santo" 57
9. "*Abba*, Pai muito amado" 63

10. "Fala, Senhor, que teu servo escuta"............69

11. Reagir à ação de Deus.................................75

12. Orar como Igreja..81

13. Esse longo caminho 87

14. "Orem sem cessar"....................................93

15. "Ó bem-aventurada Trindade".....................99

Como conclusão orante...................................105

Indicações bibliográficas.................................107